지혜 여정

오경 4

신명기

일러두기

1. 하느님 말씀인 성경은 원칙적으로는 하나이지만, 성경이 번역된 시대, 나라, 교파 등에 따라 세부적으로 다른 표현이 있을 수 있고, 정전의 범위나 순서가 약간 다르기도 합니다. 이 책에서는 한국 천주교회 공용 번역본인 우리말 성경을 표기할 때는 『성경』으로, 그 외의 성경(예: 히브리 성경, 칠십인역 성경 등)이나 일반적으로 성경 전체를 가리키는 경우에는 성경으로 표기했음을 밝힙니다.
2. 이 책의 주요 표기 기준은 『국립국어원 표준국어대사전』을 원칙으로 합니다. 다만 성경에 나온 인명과 지명은 『성경』의 표기를 따랐습니다.

신명기

지혜 여정

오경 4

글쓴이 이한석

추천의 말

하느님께서는 넘치는 사랑으로 마치 친구를 대하시듯이 우리에게 말씀하시고, 우리와 사귀시며, 당신과 친교를 이루도록 우리를 부르시고 받아들이십니다(「계시 헌장」 2항 참조). 이를 위해 하느님께서 기꺼이 사용하시는 방법 중 주요한 것은 성경을 통해 당신을 드러내시는 계시일 것입니다. 성경은 하느님께서 우리에게 건네시는 사랑 편지입니다.

성경 본문에는 문자 그대로 이해하는 데 큰 무리 없이 공감하기 쉬운 말씀도 있고, 다소의 설명이나 해석이 필요한 비유나 은유의 말씀도 있으며, 시간, 공간, 문화, 언어 등의 차이 때문에 전문가의 도움을 받아야만 제대로 알아들을 수 있는 상당히 어려운 말씀도 있습니다. 다행히 우리나라에는 다양한 교재들이 있어서 성경 말씀을 올바로 알아듣는 데에 많은 도움을 주고 있습니다. 『지혜 여정』 시리즈도 한국 가톨릭 교회의 귀중한 성경 공부 교재 중 하나입니다.

『지혜 여정』 시리즈의 가장 큰 특징은 창세기부터 요한 묵시록까지 신구약 전체의 맥락에서 독자를 이끌어 준다는 것입니다. 전체 흐름을 파악하

면서 성경의 여러 책과 그 안에 담긴 내용의 연관성을 이해하도록 이끌기에, 독자는 자연스레 더 깊은 통찰과 성찰의 세계로 들어설 수 있을 것입니다. 이는, 『지혜 여정』 시리즈가 성서학을 기반으로 한 성경 공부 교재로서, 지금까지 끊임없이 발전해 온 성서학의 원리와 방법을 적극 활용하여 성경을 해석하고 이해하고 탐구하도록 도와주기에 가능한 것입니다.

게다가 『지혜 여정』 시리즈에 담긴 명화, 도표, 사진 등 다양하고 풍부한 시각 자료들은 폭넓은 이해와 흥미를 한껏 돋우어 혹여 있을지 모르는 성경 공부에 대한 부담감을 덜어 주기에 충분하며, 친절하게 묵상으로 이끕니다.

많은 분들이 『지혜 여정』 시리즈를 통해 '성경의 가르침을 내면에서 깊이 체험하여 하느님의 말씀을 마음에 모시고 살아가도록 인도하는 지혜'를 만나시기 바랍니다.

한국천주교주교회의 성서위원회 위원장 주교

十 신호철

출간에 즈음하여

생활성서사에서는 누구나 하느님의 말씀을 쉽게 접할 수 있도록 다양한 성경 공부 교재를 출간해 왔습니다. 본격적인 성경 공부 교재인『여정』시리즈를 비롯하여 성경을 처음 접하는 이들을 위한 기초 교재『여정 첫걸음』시리즈, 어르신을 위한 교재『은빛 여정』시리즈, 말씀의 감동을 기도로 이어 주는 컬러링 말씀 교재『성화 기도 여정』, 그리고 신구약 성경을 빠짐없이 살펴보고 시대의 흐름에 맞춰 다양한 관점에서 말씀을 이해하고 심화시키도록 이끌어 주는 현대적 성경 교재『지혜 여정』시리즈 등입니다. 이러한 교재들을 토대로 하여 전국의 '여정 성서 사도직' 수도자들과 봉사자들은 신자들이 풍요로운 말씀의 세계에 한층 더 가까이 다가갈 수 있도록 많은 노력을 기울이고 있습니다.

그동안 다양한 성경 공부 모임을 통해 신앙의 참된 의미를 깨달았다는 분들의 진솔한 고백을 들으며 큰 기쁨과 보람을 느꼈습니다. 더불어 그분들의 말씀에 대한 열정과 사랑은 늘 새로운 교육 프로그램을 개발하고 다양한 교재를 펴내려는 저희에게 가슴 벅찬 응원이 되어 주었습니다.

이번에 펴낸 성경 공부 교재 『지혜 여정 오경4 신명기』 역시 여러분의 말씀 사랑에 힘입은 결과물입니다. 약속의 땅을 목전에 둔 모세의 절절한 유언이 담긴 신명기에서 율법의 완성을 만나 보십시오. '마음과 목숨과 힘을 다해 하느님을 사랑하라.'(신명 6,5 참조)는 '쉐마 이스라엘'의 절절한 호소가, 고아와 과부와 나그네를 보듬는 따뜻한 연민과 정의로 피어날 때, 비로소 우리는 하느님을 온전히 섬기는 생명의 길을 걷게 될 것입니다.

끝으로 『지혜 여정 오경4 신명기』를 정성스레 집필해 주신 이한석 신부님, 그리고 『여정』을 함께하며 소중한 경험을 나누어 주시는 성직자, 수도자, 봉사자분들께 진심으로 감사의 인사를 전합니다.

생활성서사

차례

신명기 입문

● 들어가기에 앞서

오경 다섯 번째 책의 원제목

신명기는 모세의 선포를 중심으로 이루어져 있습니다. 이집트에서 탈출하여 요르단강을 건너 약속의 땅에 들어서기 직전까지, 그 짧은 시간과 장소가 신명기의 배경입니다. 말하는 이는 모세이고, 듣는 이는 이스라엘 백성입니다. 또한 약속의 땅에 들어간 이후에도, 율법을 듣고 계명을 지키려는 이들이 새로운 청자가 되어 모세의 이 설교를 읽고 따릅니다. 신명기의 성격

모세가 율법 판을 받다(부분), 페레 빌, 1410년경, 카탈루냐 미술관, 바르셀로나, 스페인.

을 더 잘 이해하기 위해, 먼저『성경』에서 '신명기'로 번역된 히브리어와 그리스어 원제목을 통해 신명기의 본래 의미를 살펴보겠습니다.

언어	신명기의 제목		뜻
히브리어	דברים 더바림	אלה הדברים 엘레흐 하더바림	말씀들 / 이것은 … 말씀들이다
그리스어	δευτερονόμιον 데우테로노미온	(δεύτερος + νόμος) 데우테로스 + 노모스	두 번째(새로운) 법

신명기의 히브리어 제목인 '더바림(דברים 말씀들)' 또는 '엘레흐 하더바림

(אלה הדברים 이것은 … 말씀들이다.)'은 신명기의 '설교적 성격'에 따라 이해할 수 있습니다. 한편 신명기의 그리스어 제목 '데우테로노미온δευτερονόμιον'은 두 번째 법이라는 뜻으로(신명 17,18 참조. 『성경』에서는 '이 율법의 사본'으로 번역됨) 많은 언어 제목의 어원이 되었습니다. 이는 신명기 12-26장의 계약에 대한 모세의 설교를 탈출기 20장 22절부터 23장 19절까지의 내용과 비교하여 붙인 이름이지만, 첫 번째 법을 반복하거나 새롭게 해석한 것으로 보기는 어렵습니다. 실생활의 여러 문제에 대해 모세의 권위를 빌려 '신학적으로 해석'한 것입니다. 그러므로 신명기에서는 특별한 사건이 일어나지 않습니다. 모압 땅에서 모세의 이야기가 시작되고(신명 1,5 참조), 같은 장소에서 모세의 죽음을 전합니다(신명 34,5 참조). 즉 신명기는 율법에 대한 모세의 설교만을 담은 것입니다.

신명기의 대상은 누구입니까?

신명기 본문에서는 많은 경우 '너' 또는 '너희'라는 표현으로 청자를 지칭합니다. 이는 모세의 설교를 듣는 이스라엘 민족을 가리킵니다. 단수(너)와 복수(너희)를 혼용한 이유는 신명기의 '설교적' 특성에서 찾을 수 있습니다. 신명기가 어디에서 낭독되었는지 알 수 없지만, 문체를 볼 때 전례 예식을 암시한다고 볼 수 있습니다. 미사 중에 사제가 개인적 성찰과 공동체의 반성을 이끌며 강론하듯이, 청자는 신명기의 말씀을 같은 입장에서 들었을 것입니다.

신명기에 반복적으로 등장하는 동사들은 이 책의 '설교적' 특성을 잘 보여 줍니다. '듣다→ 배우다(가르치다) → 경외하다 → 지키다 → 실천하다'라는 일련의 동사들은 신명기의 목적을 분명히 드러냅니다. 이는 이스라엘 백성이 약속의 땅에서 모세의 율법을 잘 듣고 마음에 새기며, 자녀들을 부지런히 가르쳐서, 그들도 하느님을 경외하고 계약에 충실하게 살기를 바라는 마음을 담고 있습니다(신명 31,12 참조).

주간절(토라의 중요성을 되새기는 축제), 모리츠 다니엘 오펜하임, 1880년, 유다인 박물관, 뉴욕, 미국.

신명기 둘러보기

신명기의 구조 및 내용

성경 구절	내용
1-11장	서론적 연설
12-28장	계약의 규칙과 법령 그리고 준수 여부에 따른 결과
29-30장	마지막 연설(축복과 저주)
31-34장	결론(모세의 죽음에 관한 전승)

신명기 본문이 전제하는 **문학적 배경**(모압의 모세와 이스라엘 백성)과 실제 기록된 **시대적 배경**(바빌론 유배)은 서로 다릅니다. 신명기는 이스라엘의 역사와 삶(전례 예식, 참조: 신명 6,8-9; 27,11-14 등)에서 중요한 위치를 차지합니다. 33개의 신명기 필사본을 포함한 쿰란 문헌과 다양한 장소에서 발견된 신명기 필사본이 이를 증명합니다. 즉 신명기는 **이스라엘이 하느님을 바라보는 시각을 형성해 나가는 과정**과 깊은 관련이 있습니다. 그뿐만 아니라 많은 학자들은 구약 성경의 다른 부분들이 추가되거나(가필) 편집되는 과정에 신명기와 신학적 관점을 공유하는 편집자들(이들을 '신명기 학파'라고 부르기도 합니다.)이 관여했다고 봅니다. 이들이 신명기의 신학적 해석을 바탕으로 다른 본문들을 다듬었으리라 추측하는 것입니다. 따라서 신명기의 신학관과 문체적 특징 등을 살펴보면 **구약 성경 전반에 걸쳐 있는 이스라엘 민족의 신앙관 형성 과정**을 알 수 있습니다.

기도하는 유다인들, 베드르지흐 프리타, 1941-1944년, 게토 파이터스 하우스, 로하메이 하게타오트 키부츠, 이스라엘. 이 작품은 체코 출신의 유다인 그래픽 예술가이자 만화가였던 작가가, 나치 독일의 테레지엔슈타트 강제 수용소에서 비밀리에 그린 것이다.

또한 신명기가 기록된 것으로 추정되는 시기(요시야 임금의 종교 개혁 시기, 기원전 640-609년)는 이스라엘 백성에게 암담한 때였습니다. 북왕국 이스라엘은 이미 아시리아에 의해 멸망했고, 아시리아와 바빌론의 칼날은 이제 눈앞에 와 있었습니다. 그리고 채 50년이 지나기 전에 이 위협은 현실이 되었고, 결국 남왕국 유다는 무너집니다. 대부분의 신명기 본문은 **바빌론 유배 중**에 그리고 **그 직후**에 쓰였다고 할 수 있습니다. 이렇게 시기적 · 역사적 배경을 알고 신명기를 보면 이전과는 다른 감상을 갖게 됩니다. 성전은 무너졌고, 약속의 땅은 철저히 유린당했으며, 성조 때부터 임금들을 통해 내려오던 하느님의 약속은 임금의 죽음과 유배로 더

바르 미츠바(성인식) 때 처음으로 테필린(성구함)을 착용하는 유다 소년, 도브 야후디 그로스만, 2023년, 개인 소장. 사진: Dov YaHudy Grossman(위키미디어, CC-BY-SA-4.0). 유다인은 하느님 말씀을 기억하며 실천하도록(신명 6,8) 머리와 팔에 성구함을 착용한다.

럽혀졌습니다. 충분히 절망적인 상황입니다.

그런데 이 고통스러운 상황에서 신명기 저자들은 다시 하느님께 충실해야 한다고 선포합니다. 무너졌다고 생각한 계약을 다시 갱신하자고, 이 계약에 충실하여 율법을 지키자고 백성을 설득합니다. 그리고 그 계약이 그들의 자손에게까지 다시 계속해서 이어질 것이라 희망합니다. 이 '믿음'이야말로 '죽음'을 넘어서는 '부활'에 대한 신앙으로 보입니다. 자신들의 역사 안에서 **'말씀'**을 살아 내는 **'육화'**의 과정일 수 있습니다. 그러므로 **신명기의 신학적 관심**은 이렇게 말할 수 있습니다.

1) **너희, 이스라엘은 이집트에서 구해 주신 하느님께 충실하라.**
2) **하느님께 충실함이란 곧 율법과 계명을 준수하는 것이다.**
3) **너희 이스라엘은 율법을 듣고 경외하며, 자손들에게 가르쳐 실행하게 해야 한다.**
4) **율법을 지키면 축복을 받고, 어기면 저주를 받을 것이다.**

그러므로 신명기에서 말하는 '너'와 '너희'는 바로 **지금 성경을 읽고 있는 우리 자신**입니다. 마음을 열고 신명기를 읽는다면, 하느님의 말씀을 삶 속에서 찾고 실천하려 노력했던 이스라엘 백성의 열정을 발견할 수 있을 것입니다. 또한 이렇게 삶으로 실현된 '말씀'이 예수 그리스도에 대한 신앙을 준비시켰다는 사실을 깨닫게 될 것입니다.

제1과

신명 1-3장

모세의 회상

시나이산(호렙산), 에프라임 모셰 릴리엔, 1914년, 「전환기 예술적 발전」 수록작.

● 말씀 : 신명기 1장 6-8절

1 **6**"주 우리 하느님께서 호렙에서 우리에게 이르셨다. '너희는 이 산
에서 오랫동안 머물렀다. **7**이제 발길을 돌려 떠나라. 아모리족의 산악 지방,
그리고 그 부근의 모든 지역, 곧 아라바, 산악 지방, 평원 지대, 네겝, 해안
지대로 가거라. 가나안족의 땅, 그리고 레바논과 큰 강 유프라테스강까지 가
거라. **8**보아라, 내가 너희 앞에 저 땅을 내놓았다. 가서 주님이 너희 조상 아
브라함과 이사악과 야곱과 그 후손들에게 주겠다고 약속한 땅을 차지하여
라.'"

함께 읽을 성경: 신명기 1장 1-5.9-46절; 2-3장

이끎말

신명기의 배경(신명 1,1-5)

신명기 1-4장에 나오는 모세의 연설은 신명기 전체의 머리말 역할을 합니다. 이 연설은 민수기의 내용을 요약하면서 이스라엘 백성이 거쳐야 했던 광야에서의 여정을 돌아보고 그 의미를 되새깁니다.

본문에 나타난 장소와 시간에 대한 언급(신명 1,1.3 참조)은 이 부분이 신명기 전체의 머리말 역할을 한다는 것을 확인해 줍니다. 모세는 "모압 땅에서 이 율법을 설명"(신명 1,5)했으며, 바로 그곳에서 생을 마감했습니다(신명 34,5 참조). 신명기는 모세가 이스라엘 백성에게 지난 일들의 의미를 설명하고, 약속의 땅에서 지켜야 할 것들을 미리 가르치는 형식으로 구성되었습니다.

그래서 '모세가'라는 표현이 반복되는데(참조: 신명 1,1; 4,44) 이는 신명기의 편찬 의도를 알려 주는 것으로 해석할 수 있습니다. 다시 말해 신명기는 모세의 권위에 따라 율법과 계약을 해석한 책이라는 것을 알려 주고자 합니다(신명 1,1.5 참조).

모세의 회상1: 광야에 머물러야 했던 이유(신명 1,6-46)

신명기 1장 6-46절에서 모세가 전하는 말씀은 탈출기 23장 20-33절과 민수기 34장 1-15절의 내용을 떠올리게 합니다. 여기서는 주님께서 차지하라고 명령하신 땅의 경계를 설명합니다(신명 1,6-8 참조). 그런데 신명기는 탈출기나 민수기보다 **더 넓은 지역을 약속받은 땅**으로 제시합니다. 가나안족의 땅을 넘어, **'큰 강 유프라테스강까지'**의 땅을 주님께서 이스라엘 백성에게 주셨다고 선포합니다. 하지만 역사적으로 이스라엘 백성이 그 정도의 영토를 차지한 적은 없습니다. 오히려 그 지역에서 일어난 강대국들에게 끊임없이 위협받았고, 결국 그곳으로 끌려가 유배의 삶을 살았습니다.

그렇다면 왜 신명기 저자들은 이런 언급을 모세의 입에 담아 놓았을까요? 어쩌면 유프라테스강 근처, 바빌로니아 제국의 땅에서 그들이 치른(혹은 치르고 있는) **유배 생활**에 대한 해석일 수도 있습니다. 비록 유배 생활을 하며 고향 땅을 그리워하지만, 그곳에 머물며 겪은(혹은 겪고 있는) 고통을 주님께서 말씀하신 **땅에 대한 약속으로 승화**하고자 한 것인지도 모릅니다.

신명기 1장 19-46절에서는 이스라엘 백성의 **과거에 대한 해석**을 모세의 입을 통해 들려줍니다. 이스라엘 백성이 광야에서 오랫동안 머문 이유는 주님의 진노가 있었기 때문입니다. 이와 같은 이스라엘 백성의 불순종과 주님의 진노에 대한 내용은 민수기 14장을 반영한 것입니다.

그런데 본문을 잘 살펴보면 **모순점**이 보입니다. 신명기 1장 35절에서 **주님의 진노**는 이러한 맹세로 이어집니다. "이 악한 세대, 이 사람들 가운데에서는 아무도, … 좋은 땅을 보지 못할 것이다." 하지만 여호수아기 1장 2절에서 주님은 여호수아에게 이렇게 말씀하십니다. "나의 종 모세가 죽었다. 그러니 이제 너와 이 모든 백성은 일어나 … 내가 이스라엘 자손들에게 주는 땅으로 가거라." 주님의 진노는 어떤 결과를 낳은 것일까요? 광야에서 오랫동안 헤매야 했었나요? 아니면 좋은 땅에 못 들어갔었나요? 민수기 14장 33-34절에서는 주님께 불순종하여 약속의 땅에 들어가지 못할 '너희'와 그 땅에 들어가는 너희의 '자식들'을 구분합니다. 하지만 성경 어디에도 모세와 같은 세대의 사람들이 죽었다는 언급은 없습니다.

이런 본문의 모순을 이해하려면 앞서 이야기한 바빌로니아 유배 상황을 염두에 두고 본문을 읽어야 합니다. 주님께서 약속하신 땅, 성조 때부터 차지한 그 고향 땅으로 빨리 돌아가지 못하는 상황을 주님의 말씀으로 해석한 것일 수 있습니다. **주님을 저버리고 다른 것에 시선을 빼앗겨 그분께 충실하지 못했던 세대가 지나가고, 율법으로 새롭게 무장한 세대가 나타나기를 고대**하는 것으로 보입니다. 그래서 신명기는 율법을 배우고 실천하는 것을 그토록 강조합니다.

모세의 회상2: **정복의 기억**(신명 2,1-3,22)

모세는 다양한 민족들과 치른 전쟁을 나열합니다. '주 우리 하느님께서' 이스라엘 백성에게 넘겨주셨다는 땅을 차지한 흔적을 돌아봅니다. 사실 이러한 모세의 언급은 많은 것을 생각하게 합니다. 땅을 차지하라고 하시는 주님, 전쟁을 도우시어 적군을 쳐부수게 하시는 이스라엘의 하느님은 예수 그리스도를 통해 알게 된 사랑과 용서의 하느님과 어울리지 않아 보입니다. 남녀노소 구별 없이 성읍의 모든 주민을 전멸시키는 하느님은 마치 세상의 전

일곱 사제가 계약 궤 앞에서 뿔 나팔을 불며 함께 예리코성을 도는 모습, 제임스 티소, 1896-1902년경, 유다인 박물관, 뉴욕, 미국. 고고학이 발전하면서 학자들은 가나안 땅에 대한 무자비한 정복 이야기를 역사적 기록이 아니라 신학적 해석으로 보게 되었다.

쟁을 끊임없이 부추기시는 듯 보입니다.

그런데 성경에 대한 학문적 발전으로 인해 이러한 전쟁의 하느님에 대해 다르게 해석할 수 있게 되었습니다. 고고학의 발전으로 성경의 정복 이야기들, 곧 이스라엘 백성이 차지했다고 전해지는 도시들에 대해서도 새로운 해석이 이루어지고 있습니다. 학자들은 성경에 나타난 것과 같은 급작스럽고 무차별적인 정복은 실제로 일어나지 않았을 것이라고 봅니다. 앞으로 등장할 가나안 땅에 대한 무자비한 정복 이야기도 과거 역사에 대한 기록이 아니라 훗날 이루어진 신학적 해석으로 보는 것입니다. 더 나아가 고고학적 증거들을 통해 해안 지역의 가나안족과 산지의 이스라엘 백성이 오랫동안 공존해 왔다는 사실을 발견하게 됩니다(판관 1,19 참조).

그러므로 모세가 들려주는 정복 이야기의 목적은 '잔혹한 방법으로 이룬 전쟁의 승리'가 아닙니다. 그것은 '하느님께서 허락하신 것은 반드시 이루어진다.'는 희망입니다. 또한 하느님께서 함께하시니, "두려워하지 마라."(신명 3,22)라며 용기를 북돋는 것입니다. 이스라엘 백성은 모세의 입에 담긴 이 이야기들을 들으며 고향으로 돌아갈 희망을 되찾았을 것입니다. 막강한 제국들의 힘 앞에서도 두려워하지 않을 이유를 찾았던 것입니다.

모세의 청원(신명 3,23-29)

신명기 3장 23-29절에서는 민수기 27장 12-23절의 내용이 모세의 입을 통해 회상의 형식으로 전달됩니다. 민수기 27장은 좋은 땅에 들어가게 해 달라는 모세의 청원보다 여호수아의 임명을 주요하게 다룹니다. 하지만 모세의 마지막 유언의 성격을 지닌 신명기는 모세의 개인적인 청원을 들려줍니다. 그러나 "건너가게 해 달라", "보게 해 달라"는 그의 청을 주님은 매몰차게 거절하십니다. 사실 이러한 청원들은 앞서 언급한 유배 중 귀환에 대한 이스라엘 백성의 간절한 염원을 상징하는 것으로 볼 수 있습니다.

한편 모세가 고백하는 하느님의 능력에 대한 찬양은 조금 어색해 보입니다. "어떤 신이 당신의 업적과 위업과 같은 일을 할 수 있겠습니까?"라는 말은 하느님 외에 다른 신이 있는 것처럼 들리기도 합니다. 실제로 신명기에서는 '다른 신'에 대한 숭배를 금하는 명령이 반복됩니다(참조: 신명 5,7; 7,4; 8,19;

11,16 등). 신들이 여럿 있다고 생각한다면, 그에 대한 금지 명령이 당연해 보입니다. 신명기의 이런 언급들은 **유일하신 하느님에 대한 믿음이 형성되어 가는 과정**을 보여 줍니다. 다시 말해, 주님과 이스라엘 백성이 맺은 독점적인 관계는 하느님의 일방적인 강요로 마법처럼 이루어진 것이 아닙니다. 이스라엘이 **역사를 통해 체험하고 겪으며 얻어 낸 믿음**인 것입니다. 신명기는 유일하신 하느님에 대한 믿음의 여정을 독자인 우리에게 있는 그대로 보여 줍니다.

● 묵상

1. 모세는 이스라엘 백성이 지나온 광야의 체험을 하느님과 함께 되돌아봅니다. 비록 폭력과 전쟁의 말들로 가득하지만 그 핵심에는 용기와 희망이 있음을 알 수 있습니다. 과거에 대한 기억과 회상처럼 보이는 모세의 이야기는 미래에 대한 기대와 귀환에 대한 꿈을 품고 있습니다. 지나온 나의 시간 속에서 하느님께서는 어떻게 함께하셨습니까?

2. 모세가 하느님께 한 청원은 그의 갈망을 드러냅니다. 좋은 땅에 들어가 그곳을 보고 싶어 하는 모세의 열의는 당연합니다. 그가 이스라엘 백성과 함께한 시간과 역사의 열매를 그들과 함께 간절히 맞이하고 싶었을 것입

니다. 그의 청원 앞에서 우리가 드리는 기도를 생각해 보게 됩니다. 내가 한 일의 결과를 확인하고 싶다는 바람, 애쓴 노력이 잘 열매 맺으면 좋겠다는 희망은 피조물인 우리가 품을 수 있는 좋은 지향입니다. 다만 모세가 그랬듯이 우리는 그 열망이 좌절되는 것까지도 기뻐할 수 있어야 합니다. 신명기는 모세의 청이 거절당했을 때의 감상을 따로 전하지 않고, "그래서 우리는 벳 프오르 맞은쪽 골짜기에 머물렀다."라는 신명기 3장의 마지막 구절로 그의 겸손한 받아들임을 보여 줍니다. 내가 꿈꾸는 일이 좌절될 때에 모세처럼 그곳, 그 자리에 그대로 머무를 수 있습니까?

3. 모세는 하느님께서 여호수아를 지명하신 것을 회상하며, 그에게 힘과 용기를 북돋아 주라고 하신 명령을 기억합니다. 이 아름다운 관계는 예수 그리스도와 요한 세례자의 관계를 미리 보여 줍니다. 구약의 문을 닫고, 새로운 약속의 문을 여는 요한 세례자와 예수님의 소명을 모세와 여호수아의 이야기에 비춰 보게 됩니다. 물론 모세와 여호수아의 관계에서 요한 세례자와 구세주 예수 그리스도의 모습을 온전히 찾아낼 수는 없습니다. 다만 새로운 전환점 앞에서 두 인물이 맞이한 희망을 상상할 수는 있습니다. 누군가에게 기꺼이 자리를 내어 주는 겸손은 우리 모두에게 요구됩니다. 이러한 자세야말로 내 삶에서 일구어 온 노력과 희망이 누군가에게서 계속해서 이어지도록 하는 바탕이 될 것입니다. 나는 이러한 희망을 가지고 누군가에게 기꺼이 나의 자리를 내어 주고 있습니까?

약속의 땅을 바라보는 모세(제임스 티소)

제2과

신명 4,1-43

하느님과 이스라엘

율법을 가르치는 모세(부분), 후안 데 에스피날, 1778-1781년, 세비야 대교구 대주교관, 세비야, 스페인. 사진: JI FilpoC(위키미디어, CC-BY-SA-4.0)

● 말씀: 신명기 4장 1-2절

4 1“이스라엘아, 이제 내가 너희에게 실천하라고 가르쳐 주는 규정과 법
규들을 잘 들어라. 그래야 너희가 살 수 있고, 주 너희 조상들의 하느님께서 너
희에게 주시는 땅에 들어가 그곳을 차지할 것이다. **2**내가 너희에게 명령하는
말에 무엇을 보태서도 안 되고 빼서도 안 된다. 너희는 내가 너희에게 내리는
주 너희 하느님의 명령을 지켜야 한다.”

함께 읽을 성경: 신명기 4장 3-43절

● 이끎말

"주 너희 하느님의 명령"(신명 4,1-9)

앞선 모세의 회고는 이제 이스라엘 백성이 지켜야 할 규정과 법규들에 대한 해석으로 이어집니다. 히브리 성경 원문은 신명기 4장 1절을 '그리고 지금(ועתה베아타)'이라는 말로 시작하여 3장과 연관 지어 4장의 말씀을 이해하도록 합니다. 이렇게 시작되는 율법에 대한 모세의 설명은 신명기의 고유한 신학적 목적을 드러냅니다.

본문에서는 '규정과 법규들(חקים ומשפטים 후킴 워미쉬파팀)'이라는 표현이 반복되는데, '십계명'과 같은 큰 틀의 계명(신명 5,6-21 참조)과 다른 세세한 법규들을 뜻합니다. 훈령이나 계명과 같은 단어들도 쓰이는데, 어휘들 사이의 세세한 차이는 명확하지 않습니다. 하지만 헌법과 같은 역할의 십계명과 그 아래에 있는 실제 생활에 적용되는 세부 규칙들로 이 구분을 이해할 수 있습니다.

신명기 4장에서 반복되는 또 다른 주요 단어는 '너희'입니다. '너희'는 모세의 이야기를 듣는, 약속의 땅으로 들어서려는 이스라엘 백성입니다. 동시에 신명기를 학교와 가정에서 또 회당에서 그리고 전례 예식 중에 듣는 회중을 뜻합니다. 마치 시편 1편의 시인이 자신의 청자들을 격려하듯이, 모세는 자신의 이야기를 듣는 '너희'를 설득합니다(신명 4,9 참조). 하느님이 어떤 분이신지 또 그분께서 광야에서 어떤 일을 하셨는지 '기억'하라고 권고합니다. 그러므로 모세가 전하는 하느님의 명령은 무엇을 빼거나 더하지 않고 온전히 따라야 할 이스라엘 사람들의 중심으로 자리합니다.

호렙산에 나타나신 하느님에 대한 회상(신명 4,10-14)

신명기 4장 10-14절의 배경은 탈출기 19장 16절 이하에 묘사된 시나이산에서 주님께서 모세를 만나신 사건입니다. 본문에서는 호렙산과 시나이산을 따로 구분하지 않으며, 모세에게 당신 자신을 계시하시는 주님의 현현에만 주목합니다. 그런데 어둠과 짙은 구름 속에서 형상은 보지 못하고 소리만 들었다는 언급(신명 4,11-12 참조)은 주님을 사람처럼 묘사하지 않으려는 의도로 보입니다. 주님의 현현에 대한 이러한 묘사는 사무엘기 하권 22장 8-14절의 내용과 많이 일치합니다. 또한 신적 현현을 자연 현상으로 표현하는 방식은 열왕기 상권 19장 11-12절과 공통점을 보입니다. 거대한 자연 현상 앞에서 초라한 인간이 느끼는 근원적인 경외심이 이 모든 본문의 바탕을 이루고 있다고 하겠습니다.

하지만 "어떤 형상도 보지 못하였다."는 신명기 4장 12절의 언급은 자연 현상과 주님을 혼동하지 말라는 강한 지향을 드러냅니다. 12절의 '형상 תמונה테무나'이라는 히브리어는 '만들어진 무언가의 형태'를 뜻합니다. 즉 거대한 자연이 사람의 마음을 뒤흔들고, 이해할 수 없는 현상 앞에서 놀라움과 경외심을 갖는 것은 당연하지만, 그것이 곧 하느님은 아니라는 뜻입니다. 주님에 대한 이스라엘의 신앙이 근동의 다른 종교들과의 차이가 바로 여기에 있습니다. 자연 현상과 자신들이 섬기는 신을 동일시하고, 나아가 자연 그 자체를 섬겼던 그들의 종교와 달리, 신명기 저자들은 주님과 피조물인 자연을 명확하게 구분합니다.

그러나 이 구분이 주님을 실재하지 않는 '관념'이나 '정신'으로 여긴 결과는 아닙니다. 오히려 신명기의 하느님은 정반대로 묘사됩니다. 돌판에 '열 가지 말씀(עשרת הדברים 아세레트 하더바림)', 즉 십계명을 직접 써 주시며 이스라엘에게 관심을 쏟고, 그들의 삶에 관여하시는 인격적인 모습을 보여 주십니다(신명 4,13 참조). 어떤 형상에도 가둘 수는 없지만, 이스라엘의 삶에 가까이 계시는 하느님으로 서술됩니다. 바로 이렇게 신명기 저자들은 인간과 하느님 사이의 간극과 가까움을 자신들만의 독특한 언어로 표현함으로써 경외심을 불러일으키고자 한 것입니다.

질투하시는 하느님(신명 4,15-31)

앞서 살펴본 바와 같이 주님을 사람처럼 서술하는 것을 피하는 경향이 구체적인 계명으로 이어집니다. 이 본문은 신명기 5장 8절에 나올 십계명의 두 번째 계명과 관련이 있습니다. 모세는 이 계명에 대한 주님의 말씀을 이스라엘 백성 앞에서 설명합니다. 이 연설은 중개자로서의 그의 역할을 드러냅니다. 탈출기 20장 19-22절에서와 마찬가지로, 모세는 하느님과 이스라엘 백성 사이에서 중간자 역할을 수행합니다.

사실 '우상'과 '모세'는 둘 다 보이지 않는 하느님을 보이고 들리도록 '중개'하는 역할을 맡습니다. 그런데 왜 신명기 저자들은 모세의 중개적 역할은 강조하면서도, 우상으로 섬기게 할 우려가 있는 **'형체적 중개'**는 금한 것일까요?

당연하게도 형상을 만들지 말라는 계명은 주술이나 마술에 대한 경계를 드러냅니다. 고대의 다른 종교들이 보여 주었던 주술적 관행을 경계하는 것입니다. 또한 중개하는 형상 없이 직접 이스라엘 백성에게 말씀하시는 하느님에 대한 신앙을 드러냅니다. 예언자들과 모세는 형상의 도움 없이 당신 백성에게 직접 말씀하시는 하느님의 '확성기'인 셈입니다. 따라서 형상을 만들어 우상을 섬기는 것은 오히려 하느님과 이스라엘 백성의 관계를 망치는 일이 됩니다. 하느님과 이스라엘 사이에 어떤 것도 끼어들어서는 안 된다는 것입니다. 본문에서 반복되는 표현, '주 너희 하느님'은 이러한 **이스라엘 백성과 하느님의 직접적이고 밀접한 관계**를 한마디로 압축하여 드러냅니다.

선택받은 이스라엘(신명 4,32-43)

신명기 4장 35절의 '유일하신 하느님'에 대한 믿음의 말씀이 본문의 핵심을 이룹니다. 이 유일하신 하느님과 직접적이고 독점적인 관계를 맺은 이스라엘 백성은 그분의 말씀에 따라 살아가야 합니다. 이렇듯 이스라엘이 계명을 지켜야 하는 이유는 그들과 하느님과의 관계에 있습니다. 하느님께서 이집트에서 이스라엘을 구하신 것은 그들을 사랑하셨기 때문입니다. 신명기 4장 37절의 '너희 조상들'이라는 표현에서 이 본문이 편집된 시기가 엿보입니다. 즉 이집트 탈출 시기를 먼 옛날 이야기인 것처럼 말하지만, 이스라엘 백성은 이제 광야에서의 방황을 끝내고 약속의 땅으로 들어가려는 시점에 서 있습니다. 어쩌면 긴 유배 생활 중에, 혹은 그 유배를 이제 막 끝내려는 때에 다시 돌아갈 고향 땅 앞에서, 모세와 조상들이 지나온 광야 시절을 기억하며 마음을 다잡는 것인지도 모르겠습니다.

한편 신명기 4장 35절의 '**יהוה הוא האלהים**[아도나이(야훼) 후 하엘로힘]'은 '주님께서 하느님이시다.', '주님이야말로 하느님이신 분이다.', **'주님은 바로 그 하느님이시다.'** 등 다양하게 번역할 수 있는 말씀입니다. 이 번역들은 미묘한 차이만 있는 것 같지만, 실제로는 상당히 다른 의미를 담고 있습니다. 이어서 '그분 말고는 다른 하느님이 없다.'는 구절이 따라오기 때문입니다. 그중 마지막 번역이 가장 설득력이 있어 보이는데, 하느님께서 '너희'에게 하신 일들이 36-38절에 나열되기 때문입니다. 이 번역에 따르면 유일하신 하느님에 대한 이스라엘의 믿음이 철학적 사유나 깨달음으로 얻어진 것이 아니라, 그들이 직접 체험한 '주님의 도움(구원)'에서 비롯되었다고 해석할 수 있습니다. 하느님은 학자들의 책상에서, 사제들의 제대에서 만들어진 존재가 아니라, **이스라엘이 겪은 구원의 체험에서 만나게 된 분**입니다.

● 묵상

1. 거대한 자연 앞에서 우리는 종종 보잘것없는 자신을 깨닫게 됩니다. 쏟아

질 듯한 별들 아래에서, 타는 듯한 태양 밑에서 인간의 초라함을 마주합니다. 깊이를 알 수 없는 계곡의 어둠과 햇빛조차 닿지 않는 심해의 어둠을 보며 두려움을 느낍니다. 고대인들도 마찬가지였습니다. 그들 역시 신을 향한 이끌림을 거대한 자연과 거대한 힘 한가운데서 받아들였습니다. 이러한 마음을 어리석다고 할 수는 없습니다. 현대의 우리도 그들처럼 자연 앞에서 초라하기 때문입니다. 태양과 달을 섬기며 삶에 감사하고 죽음을 받아들이며, 먼 산을 바라보고 신을 그리워하던 그들의 마음은 어쩌면 현대의 많은 이들이 놓치고 있는 우리 존재의 '피조물다움'을 드러내는 것인지도 모르겠습니다. 많은 것을 알고 있는 지금의 우리보다 고대의 그들은 우주 전체에 속하여 공동체를 이루며 함께 살아가는 인간의 피조물성을 더 현명하게 받아들인 것 같습니다. 형상이 없으신 하느님에 대한 신명기의 말씀은 그 모든 자연 너머에 계신 하느님을 알려 줍니다. 그 어떤 것에도 의존하지 않고, 그분께서 건네시는 말씀에 직접 응답하게 합니다. 하느님을 향한 온 우주의 찬양에, 초라하지만 가장 귀한 내 존재로 함께 하도록 초대합니다.

2. 이스라엘의 예언자들은 스스로를 주님으로부터 파견받은 이로 이해했습니다. 무엇보다 그분의 말씀을 대신 전하는 사자使者로서 자신을 생각했습니다. 모세는 모든 예언자의 첫째 자리에 있습니다. 신명기에서 모세는 하느님과 마주하며 교류한 유일한 사람으로서 이스라엘 백성이 겪어 온

일들을 기억하게 하고, 미래의 일들을 희망하게 합니다. 자신의 말을 듣는 이스라엘 백성이 주님께서 하신 일들을 기억하도록 이끕니다. 신명기는 모세의 입을 통해 이스라엘이 지켜야 할 계명과 규정, 법규들을 해석합니다. 우리의 신앙 안에서 모세는 예수 그리스도를 예비합니다. 모세를 통해 당신의 백성과 직접적인 관계를 이어 가신 하느님께서 때가 되어 우리와 같은 모습이 되셨다고 우리는 믿습니다. 누구의 중개도 없이, 누구의 도움도 없이, 우리를 향한 하느님의 갈망은 우리와 같은 인간이 되심으로 증명되었습니다. 그래서 모세의 역할은 필요합니다. 대화를 건네시는 주님에 대한 모세의 믿음은 그리스도께서 우리에게 오시는 길이 되었습니다. 나는 주님께서 내게 건네시는 말씀을 받아들이고 있습니까?

3. 모세는 기억하라고 명령합니다. 이스라엘이 지나온 고통의 시간을 다시 해석하며 그 안에 숨어 있는 구원 계획을 알아보라고 촉구합니다. 모세가 말하는 하느님은 먼 하늘과 높은 산의 신이 아닌 이스라엘의 삶 속에서 함께하시는 분이십니다. 이스라엘은 그들의 길을 비추는 빛으로, 이스라엘의 완고함을 꾸짖는 채찍으로 하느님을 기억하며 체험합니다. 따라서 그들이 약속의 땅에서 지킬 계명들은 무서운 신을 달래는 예물이 아닙니다. 오히려 과거처럼 삶의 한가운데에서 하느님을 찾겠다는 다짐입니다. 나는 삶 속에서 어떻게 하느님을 모시고 있습니까?

성 도미니코(프라 안젤리코)

제3과

신명 4,44-5,33

주 우리 하느님께서 주신 십계명

십계(부분). 작자 미상, 1996년경, 성 대야고보 성당 스테인드글라스, 콩코드, 노스캐롤라이나주 미국. 사진: Nheyob(위키미디어, CC-BY-SA-4.0)

● 말씀: 신명기 5장 1-4절

5 **1**모세는 온 이스라엘을 불러 그들에게 말하였다. "이스라엘아, 내가
오늘 너희에게 똑똑히 일러 주는 규정과 법규들을 들어라! 너희는 그것들을
배우고 명심하여 실천하여라. **2**주 우리 하느님께서는 호렙에서 우리와 계약
을 맺으셨다. **3**주님께서는 이 계약을 우리 조상들과 맺으신 것이 아니라, 오
늘 여기에 살아 있는 우리 모두와 맺으신 것이다. **4**주님께서는 그 산 위 불
속에서 너희와 얼굴을 마주 보고 말씀하셨다."

함께 읽을 성경: 신명기 4장 44-49절; 5장 5-33절

● 이끎말

모세가 서 있는 곳(신명 4,44-49)

신명기 4장 44-49절은 5장에서 이어질 십계명에 대한 근거를 제시하려는 것으로 보입니다. 본문은 이 십계명을 **"아모리족의 임금 시혼의 땅"**에서 모세가 선포했다고 회상합니다. 모세의 선포 시기와 장소를 구체적으로 지정하여 역사적 설득력을 높이려는 의도로 보입니다.

실제로 학자들은 본문에서 오래된 가나안 북부 지역 방언의 특징을 발견하기도 합니다. 48절의 "아로에르에서 시온산"이라는 구절에 나오는 '시온שיאן산'이 그것입니다. 몇몇 학자들은 이 '시온산'을 3장 9절에서 언급된 '시르욘שריון산'의 다른 형태라고 해석합니다. 다시 말해 시온과 시르욘은 언어적으로 유사하며, 전승 과정에서 표기가 달라졌다고 보는 것입니다. 이 견해를 따르지 않더라도 헤르몬산에 대한 다양한 전승이 얽혀 있다는 것을 알 수 있습니다. 이처럼 고유한 지명이나 방언이 남아 있는 것은 신명기 편집 과정에서 원전 자료가 존중되었음을 시사합니다.

따라서 이 구절들을 통해 모세가 십계명을 전한 전승이 본문에 반영된 것으로 해석할 수 있습니다. 곧 신명기를 편집할 때 전승되어 온 구전이나 기록을 포함시켰다는 것입니다. 이러한 성격은 신명기 4장 45절에서도 드러납니다. 신명기 5장에서 이어질 십계명의 도입문처럼 "이것이 … 법령과 규정과 법규들이다."라고 요약하기 때문입니다.

십계명(신명 5,1-21)

신명기 5장 1-5절은 다음에 이어지는 십계명에 대한 주석처럼 보입니다. '우리 모두'라는 규정과 법규들의 대상이 명시됩니다. 모세는 "온 이스라엘"(신명 5,1)에게 말하는데, 이는 단순히 모세 자신 앞에 있는 이들만을 가리키는 것은 아닙니다. 시편 1편의 의인처럼 **주님의 계명을 따르는 모든 이**를 의미합니다. 그래서 신명기는 계명을 가르치고 배우고 실천하는 것을 끊임없이 강조합니다. 주님의 말씀을 궁금해하고 그 의미를 되새기는 유다인들은 십계명을 통해 주님께서 자신들의 조상과 어떤 관계이셨는지 알게 될 것이고, 그들에게 무엇을 바라시는지를 발견할 것입니다.

신명기 5장 2절의 '주 우리 하느님[יהוה אלהינו 아도나이(야훼) 엘로헤누]'이라는 호칭은 **이스라엘 백성과 주님이 맺은 고유한 관계**를 드러냅니다. 모세는 주님께서 이스라엘과 맺으신 **'계약'**의 의미를 밝힙니다. 즉 계명을 지키는 모든 유다인은 십계명에서 자신들의 하느님을 만날 것이라고 말입니다. 물론 이는 이스라엘 사람들에게만 해당되는 이야기가 아닙니다. 삶의 의미를 묻고 선함과 의로움을 추구하는 모든 이가 모세 앞의 이스라엘 백성처럼 십계명으로부터 근원적 가르침을 얻을 수 있습니다. **하느님과 인간의 관계, 인간과 인간의 관계가 무엇을 기준으로** 이루어져야 하는지를 십계명이 알려 주기 때문입니다.

신명기 5장 6절부터 십계명이 나열됩니다. 탈출기 20장 1-17절과 비슷한 내용을 전하지만, 대부분의 학자들은 **신명기의 십계명이 더 오래된 것**이라고 판단합니다. 십계명의 핵심적인 내용은 주님만을 섬기라는 명령에서 출발합니다. 고대 근동의 종교들과는 다른 원칙입니다. 여러 장소와 상황에 따라 각기 다른 신들을 섬기던 고대에 한 신만을 섬기라는 명령은 매우 독특합니다. 기원전 14세기경 이집트의 태양신인 아텐 숭배에서만 발견할 수 있는 유일한 예입니다. 하지만 이마저도 십계명의 유일신 사상과는 근본적인 차이가 있습니다. 이집트의 이 유일신 사상은 파라오 아멘호테프 사세四世가 자신의 통치 체제를 굳히려는 정치적 필요에 의해 태양신 아텐 숭배를 활용했던 것입니다. 그 기간도 20년을 넘지 못했습니다. 이와 대조적으로 십계명은 이스라엘이라는 한 민족이 자신들만의 종교적 · 문화적 정체성을 이루며 자리 잡게 된 유일신 사상의 근간입니다. 바로 이 점에서 이스라엘의 유일신 사상은 매우 독특합니다. 십계명에 나타난 유일신 사상과 이집트의 태양신 아텐 숭배 사이에 직접적인 연관성을 발견하기는 어렵습니다. 아텐 숭배는 표면적으로는 유일신 사상이지만 태양 숭배에 기반하므로 우상을 금하는 십계명과는 근본적으로 다릅니다. 다만 이집트와 초기 이스라엘의 연관성을 볼 때에 그 간접적인 영향을 추정할 수는 있습니다.

한편 십계명에서 발견할 수 있는 또 다른 독특한 계명은 안식일 규정입니다(신명 5,12-15 참조). 안식을 의미하는 '샤바트שבת'는 '멈추다'라는 의미에서부터 '거룩하게 하다'라는 의미까지 확장됩니다. 그런데 탈출기의 안식일 규정은 그 이유를 창조에 둡니다(탈출 20,11 참조). 반면에 신명기는 하느님께서 이스라엘을 이집트에서 구하신 구원 역사를 그 규정의 원인으로 제시합니다. 다른 유다교의 문헌들은 창조와 구원 역사라는 안식일의 두 가지 원인을 합쳐 놓기도 합니다. 이런 점에서 **신명기의 십계명이** 탈출기의 그것보다 **더 오랜 전승**을 담고 있다는 주장이 설득력을 지닙니다. 창조 신앙은 이집트 탈출이라는 한 민족의 구원 역사보다 세상의 기원을 탐구하는 발전된 신학 사상을 전제하기 때문입니다.

'7'이라는 안식일과 관련된 날수는 이집트의 태양력과 관련이 있어 보이지만 그렇지 않습니다. 이집트는 한 주를 10일로 보기 때문입니다. 학자들은 '7'과 관련된 고대의 절기를, 7일 동안 진행되었던 서부 셈족의 축제인 '주크루Zukru'에 주목하기도 합니다. 즉 이스라엘(셈족) 고유의 민족적 축제가 이집트 탈출 전승과 결합되어 발전되었을 수도 있습니다. 사실 이러한 모든 가정의 진위 여부를 지금 확인하기는 어렵습니다. 다만 십계명이 내세우는 **유일하신 하느님 숭배와 우상 숭배 금지, 안식일 규정**은 유례를 찾기 어려운 매우 **독특한 원칙들**임에 틀림없습니다.

신명기 5장 10절에서는 **십계명을 지키는 근원적인 동력**으로 주님에 대한 '**사랑**(אהב 아합)'을 제시합니다. 그런데 이 '사랑'이라는 계명 준수의 동력은 설명이 더 필요합니다. 고대 근동 지역의 임금들에게도 '자비'는 필요했습니다. 자신의 백성을 잘 돌볼 의무가 자비라는 덕목으로 주어졌습니다. 전쟁에서 승리하여 정복한 나라와 조약을 맺을 때에도 이 자비의 덕목은 필요했습니다. 자비는 패전한 민족에 대해 승리한 나라의 임금이 지닐 태도였습니다. 이 맥락에서 볼 때에 '사랑'은 이스라엘 민족이 하느님께 지닐 태도가 아닌,

하느님께서 당신의 백성에게 지니실 태도에 가깝습니다.

하지만 신명기는 이 덕목을 뒤집습니다. 이스라엘 백성이 하느님을 사랑하여 계명을 준수해야 한다고 합니다. 물론 백성이 임금에게 가져야 할 의무를 전하는 조약들도 있습니다. 배신하지 않고, 충성을 다해야 한다는 덕목이 백성에게 요구되기도 했습니다. 그러나 이것 역시 신명기의 '사랑'과는 달라 보입니다. '사랑(아합)'이 지닌 본질적인 성격을 고려하면, 이스라엘 백성에게 요구되는 것은 **법적인 의무**뿐만 아니라 **감정적인 헌신**입니다.

따라서 신명기의 십계명이 전제하는 하느님과 이스라엘 백성의 관계는 아가의 **연인 관계**와 닮았습니다. 서로를 사랑하여 다른 이들을 멀리하고, **정서적으로 긴밀한 유대를 가진 사랑하는 연인들**의 언어로 그 관계를 드러냅니다. 십계명은 하느님과 이스라엘의 관계를, 주인과 종의 관계보다는 연인의 언어로 표현한 것입니다.

모세의 역할(신명 5,22-33)

신명기 5장 22-33절은 **십계명을 마무리**합니다. 신명기 5장 22절은 십계명이 하느님에게서 왔다는 것을 강조합니다. 신명기 9장 9절부터 10장 5절까지에서 더 자세히 설명하겠지만 여기서는 하느님께서 주신 **계명이 새겨진 돌판과 이에 대한 백성의 반응**을 요약합니다(신명 5,22-27 참조). 그런데 백성의 원로들이 하는 말에서 고대의 신 관념이 엿보입니다. 백성은 하느님의 말씀을 직접 듣기 두려워합니다(신명 5,25 참조). 더 정확히 말하면 이는 하느님의

나의 연인(아가 2,16), 단테 가브리엘 로세티, 1865-1866년, 테이트 브리튼, 런던, 영국. 사진: Sailko (위키미디어, CC-BY-SA-3.0). 그림 속 여인은 신랑을 맞이하기 위해 베일을 걷어 올리는 신부, 곧 술람밋이다(아가 7,1. '솔로몬'의 여성형으로 솔로몬의 완벽한 짝을 뜻한다). 연인을 향해 온전히 자신을 드러내는 이 모습은, 신명기의 십계명이 전제하는 하느님과 이스라엘 백성의 관계를 보여 준다. 그 관계가 아가의 연인 관계와 닮았기 때문이다.

영광을 '보는 것'에 대한 두려움 때문입니다. 그들은 모세와 달리 주님의 영광과 위대함을 보게 되면 죽을 것이라고 생각했습니다. 보는 것에 대한 두려움은 주님의 형상을 만드는 것을 금지하는 우상 숭배 금지 규정과 관련이 있어 보입니다. 하느님과 인간 사이의 메울 수 없는 간극이 '보는見 행위'나 '재현再現하는 행위'로 인해 흐트러질까 두려워했던 것입니다. 이는 모세의 위대함을 간접적으로 증언하는 동시에, 육화하신 예수 그리스도에 대한 우리 신앙의 속성을 밝히는 것이기도 합니다.

● 묵상

1. 이스라엘 민족은 계명을 지켜야 할 근거를 '기억'에 둡니다. '의무'나 '명령'보다는 그들이 경험한 해방 체험을 계명의 근본 동력으로 삼습니다. 물론 그들이 체험한 이집트 탈출은 오늘날 우리가 낱낱이 알아내어 과학적으로 반박 불가하도록 증명할 수는 없습니다. 우리는 성경 이야기를 믿음으로 받아들입니다. 물론 탈출기 이야기처럼 극적인 사건을 이스라엘 백성이 겪었고, 그것을 자신들의 신앙과 관련지었을 수 있습니다. 아니면 성경에 나오는 극적인 사건 없이 몇몇 사람이 겪은 해방 경험이 이야기로 엮여 전해 오다 성경에 편집되었을 수도 있습니다. 분명한 것은 이스라엘 백성이 자신들과 하느님과의 관계를 다른 민족들과 다르게 이해하기 시

작했고, 그분이 누구이신지를 자신들의 언어와 기억으로 기록했다는 것입니다. 이로 인해 성경의 이집트 탈출 이야기는 이스라엘 백성이 지켜야 할 십계명의 동력이 되기도 하지만, 우리 믿음의 힘이 되기도 합니다. 인간적 굴레에 얽매인 모든 이는 해방과 자유를 갈망하기 때문입니다. 더 나아가 우리의 믿음은 우리 모두에게 근본적인 자유를 주시는 분이야말로 이스라엘 민족이 전해 받은 한 분이신 하느님이라고 고백합니다. 나의 믿음은 어떤 기억에서 출발합니까?

2. 우리는 공간에 주목합니다. 어디에서 살지, 어떤 형태의 주거에서 살지, 그 안에 무엇을 들일지, 어디를 어떻게 꾸밀지 고민하고 걱정하고 갈망합니다. 그런데 공간은 한정되어 있습니다. 돈이 많다고 해도 각자가 점유할 수 있는 공간은 정해져 있습니다. 우리는 한 곳에만 있을 수 있기 때문입니다. 하지만 시간은 다릅니다. 시간은 공간을 넘어서 있습니다. 그러므로 안식일 규정은 공간을 거룩하게 하는 것보다 시간을 거룩하게 하는 데에 주목합니다. 우리의 신앙도 이를 이어받았습니다. 전례 주기에 맞추어 절기와 시간을 거룩하게 꾸밉니다. 그래서 한정된 공간만을 거룩하게 하기보다, 시간을 비워서 때를 거룩하게 하는 것이 중요합니다. 시간을 거룩하게 구분하는 것은 그에 속한 모든 공간도 변화시키는 것이기 때문입니다. 아무리 익숙한 일상의 공간일지라도 거룩해진 시간은 그 장소의 본래 의미를 깨닫게 합니다. 그래서 우리 영혼의 갈망은 어떤 공간을

성별하기보다 시간을 성별할 때 더욱 충만히 채워집니다. 즉 특정 공간을 변화시키기보다 그 공간까지 거룩하게 만드는 시간을 거룩하게 하는 것이 우리 영혼이 궁극적으로 갈망하는 하느님을 더 쉽게 찾고 만나게 합니다. 나는 어떻게 나의 시간을 거룩하게 하나요?

3. 보고 듣고 냄새 맡고 만지는 우리의 감각적 행위들은 우리가 어떤 존재인지를 깨닫게 해 줍니다. 바로 우리는 영혼과 육체가 하나로 이루어진 존재라는 사실입니다. 영혼이 바라는 영원으로 탈출하고 싶은 마음을 우리의 살아 있는 감각이 다독여 줍니다. 영원을 피해 세상의 것들로만 피해 버리려는 조급함도 이 감각들은 흔들어 깨웁니다. 이 모든 것이 하느님께서 주신 소중한 선물임을 일깨워 줍니다. 겸손히 먹고, 조용히 듣고, 차분히 말하고, 침묵하고, 기쁘게 어루만지는 모든 감각은 주님께서 나를 이 땅으로 부르시는 손짓입니다. 모세 앞에 섰던 원로들이 느꼈던 두려움은 우리에게도 존재합니다. 내가 느끼는 모든 감각의 진정한 주인이 내가 아님을 깨닫게 됩니다. 그리고 그로 인해 두려움과 경외감에 떨게 됩니다. 또한 이 감각들을 소중한 선물로 여기게 됩니다. 이처럼 경외심은 무엇보다 내 현존재에 대한 자각에서부터 시작합니다. 하느님께서 주신 이 모든 감각에 감사하고 있나요?

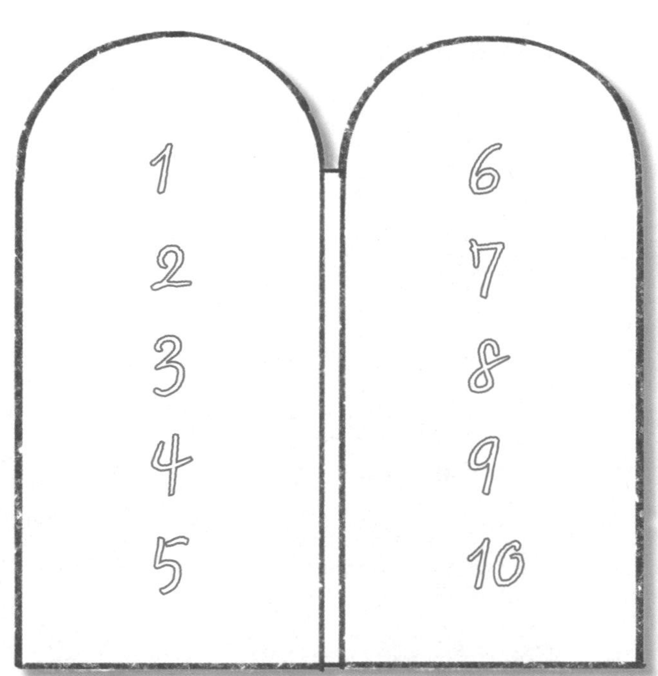
1
2
3
4
5
6
7
8
9
10

제4과

신명 6장

이스라엘아, 들어라!

당신 성전을 향해 경배하나이다(부분), 제임스 티소, 1896-1902년경, 유다인 박물관, 뉴욕, 미국.

● 말씀: 신명기 6장 4-7절

6 **4**"이스라엘아, 들어라! 주 우리 하느님은 한 분이신 주님이시다. **5**너
희는 마음을 다하고 목숨을 다하고 힘을 다하여 주 너희 하느님을 사랑해야
한다. **6**오늘 내가 너희에게 명령하는 이 말을 마음에 새겨 두어라. **7**너희는
집에 앉아 있을 때나 길을 갈 때나, 누워 있을 때나 일어나 있을 때나, 이 말
을 너희 자녀에게 거듭 들려주고 일러 주어라."

함께 읽을 성경: 신명기 6장 1-3.8-25절

이끎말

계명의 핵심 원칙(신명 6,1-9)

탈출기 20장 3절과 신명기 5장 7절은 오직 주님이신 하느님만을 섬기라고 명령합니다. 이 계명은 약속의 땅에 들어가서 만나게 될 수많은 이교 신들과 강대국들에게 굴복하지 말라는 당부이기도 합니다. 역사를 돌아보면, 성경 내용과는 달리 이스라엘이 정복자의 위치에 있었던 경우는 거의 없었습니다. 따라서 이 배타적인 계명은 지배자의 외침이라기보다 자신들의 정체성을 지키려는 약소 민족의 간절한 절규에 가깝습니다. 강대국의 침략과 그들의 강력한 신들에 대한 신앙(경신례), 그리고 세상을 설명하는 거대한 제국의 신화 속에서 조상들의 하느님을 지키고자 했던 애달픈 노력이 담겨 있습니다. 그래서 학자들은 신명기 6장 4절을 **유일하신 주님께 대한 신앙을 드러내는 이스라엘의 표어**라고 생각합니다. 이 말씀을 되새기고 가르치고 배우며 이스라엘 민족은 대대로 한 분이신 주님에 대한 경신례를 율법의 핵심으로 여겼습니다.

『성경』에서 **"주 우리 하느님은 한 분이신 주님이시다."**라고 번역한 신명기 6장 4ㄴ절의 히브리어 'יהוה אלהינו יהוה אחד[아도나이(야훼) 엘로헤누 아도나이 에하드].'는 여러 방식으로 번역될 수 있습니다. 이 문장은 '주 우리 하느님은 한 분이신 주님이시다.', '주님은 우리의 하느님이시다. 주님은 한 분이시다.', '주님, 우리 하느님이신 주님은 한 분이시다.' 등으로 옮길 수 있습니다. 다양하게 번역할 수 있는 가능성으로 인해 각 번역문에는 미묘한 차이와 강조점이 생깁니다. 그러나 그 모든 가능성에는 두 가지 핵심이 있습니다. 하나는 하느님께서 '한 분'뿐이시라는 유일성에 대한 고백이며, 다른 하나는 그분이 바로 우리가 역사 안에서 체험하고 기억하는 '우리의 하느님'이시라는 증언입니다. 달리 표현하면 이스라엘의 율법은 사고와 반성을 통해 도달한 철학적인 유일신에 관해 이야기하지 않습니다. 구원 역사라는 공동의 기억이 유일하신 하느님께 대한 그들의 고백을 가능하게 했습니다.

쉐마 이스라엘(유다교 신앙 고백문인 신명 6,4-9, 부분), 19세기, 프랑켄 유다인 박물관, 슈바바흐, 독일.
사진: Wolfgang Sauber(위키미디어, CC-BY-SA-4.0). "이스라엘아, 들어라!"로 시작하는 이 구절은
유다인들이 아침과 저녁에 낭송하는 기도문이다.

이어지는 신명기 6장 5절은 유일하신 하느님에 대한 철저한 경신례와 계명을 지키라는 이야기입니다. 한 분이신 주님으로 다가오시는 하느님께, 이스라엘이 다른 민족들처럼 경신례와 계명 준수로 화답해야 한다는 것은 당연해 보입니다.

그러나 신명기 본문은 무엇보다 먼저 '사랑'을 이야기합니다. 그 어느 곳에서도 찾아보기 힘든 하느님을 향한 사랑이 계명의 핵심입니다. 신명기의 계명에는 이스라엘을 향한 하느님의 사랑이 있습니다(참조: 신명 4,37; 7,8.13; 10,15; 23,6). 그리고 이에 화답하는 이스라엘의 사랑도 있습니다(참조: 신명 5,10; 6,5; 7,9; 10,12; 11,1.13.22; 13,4; 19,9; 30,6.16.20). 그러므로 **하느님을 사랑해야 한다는 신명기 6장 5절**은 앞선 십계명의 핵심이며, 신명기 전체의 핵심입니다. 더 나아가 이스라엘이 지켜야 할 **모든 율법의 핵심** 원칙입니다.

하느님을 사랑하는 방법도 우리의 눈길을 끕니다. '마음'과 '목숨'과 '힘'을 다한다는 이 중첩된 표현은 말 그대로 **인간 존재 전체**를 의미합니다. 열왕기 하권 23장 25절에서는 이렇게 온전히 율법을 지킨 예를 요시야에게서 찾습니다. 그는 마음을 다하고 목숨을 다하고 힘을 다하여 주님께 돌아왔다고 합니다.

한편 하느님을 사랑하는 이 '방법'을 담고 있는 히브리어 원어의 의미를 이해하는 것이 중요합니다. 먼저 '마음'으로 번역된 '레바브לבב'는 본래 '심장'이나 '가슴' 같은 신체 기관을 의미했습니다. 하지만 그 의미가 확장되어 '양심' 등 인간의 내면적인 지향과 의지, 감정 모두를 아우르는 말이 되었습니다. '목숨' 혹은 '생명'으로 번역된 '네페쉬נפש'는 그 본래 의미가 숨이 오가는 '목구멍'을 가리켰습니다. 이를 통해 우리는 이 단어가 숨 쉬며 살아가는 존재의 근원을 의미함을 이해할 수 있습니다. '힘' 혹은 '권력', '능력'으로도 옮길 수 있는 '뭐오드מאד'는 한 사람이 지닌 힘과 능력을 뜻합니다.

결국 주님을 사랑하라는 이 명령은 인간이 가진 모든 지향과 감정(마음), 모든 생명력과 갈망(목숨), 그리고 모든 의지와 능력(힘)을 다하라는 의미입니다. 이는 단순히 우리 삶의 한 부분만 사용하는 것이 아니라 우리 **존재 전체를 하느님을 향한 사랑으로 채우라**는 것입니다. 그러므로 신명기를 읽고 되새기는 이들에게 하느님 사랑은 곧 삶에서 율법과 계명을 지키는 것과 다르지 않았습니다. 그들은 **계명을 표면적으로 지키는 것을 넘어 계명을 통해 하느님을 사랑**하고자 했습니다.

신명기 6장 6-9절의 내용은 4-5절의 내용을 삶 속에서 어떤 방법으로 구현해야 하는지를 알려 줍니다. 이스라엘 민족은 실제로 이를 그대로 행하고자 했습니다. 4-5절의 내용을 적은 종이를 성구갑에 넣어 중요한 때에 이마에 묶고(마태 23,5 참조), 그 말씀을 적은 끈 모양의 천을 팔에 둘렀습니다. 또한 집 현관 문틀의 눈높이에 이 말씀을 기록한 종이를 손가락만 한 통에 넣어 붙였습니다. 그들이 있는 그대로 말씀을 행하려 했다는 것은 신명기 6장 4-5절에서 언급하는 '사랑'을 모든 율법의 핵심으로 여겼다는 것을 그 증거로 볼 수 있습니다.

맹세하신 땅에서 해야 할 일(신명 6,10-25)

이어지는 본문은 약속의 땅에 들어가기 전, 이스라엘 백성 앞에서 전하는 모세의 당부입니다. 신명기 6장 10-12절은 약속하신 땅에 들어갈 때 이스라엘 백성이 만나게 될 화려하고 좋은 것들 때문에 주님을 잊지 말라고 경고합니다. 이러한 것들은 이스라엘 민족이 팔레스타인 해안가의 오래된 도시에서(판관 1,19 참조) 그리고 바빌론의 거대한 도시에서 실제로 경험한 것들입니다. 모세의 입을 통해 미래에 일어날 일을 예고하는 것처럼 보이지만, 사실 이스라엘 민족이 흔들렸던 수많은 역사 속의 기억들을 담고 있는 것입니다.

신명기 6장 13절은 이집트에서 파라오를 섬기고 두려워했던 기억을 배경으로 합니다. 약속의 땅에서 이스라엘이 마음을 두고, 경외해야 할 유일한 대상은 주님뿐이라는 것입니다. 이처럼 주님과의 독점적인 관계를 규정하는 명령이 16절까지 이어집니다. 이 중에서 '질투하시는 하느님'이라는 표현은 신명기 4장 24절에 이미 나왔는데, 이는 신명기 6장 4-5절의 '사랑'의 의미가 반영된 어휘입니다. 마치 연인 관계처럼 이스라엘과 하느님은 서로에게 매여 있다는 뜻입니다.

따라서 이어지는 신명기 6장 15절의 '타오르다'라는 표현은 사랑의 뒷면처럼 보입니다. 서로를 향할 때 불이 타오르듯 뜨거웠던 사랑은 그것이 좌절될 때도 그처럼 격렬하게 타오를 수 있습니다. 그러므로 "멸망시키는 일이 없게 하여라."라는 언급에서 하느님의 분노를 떠올릴 필요는 없습니다. 서로에게만 몰입하는 진정한 사랑은 그것이 좌절될 때 그만큼 큰 실망과 실존적 동요를 보일 것입니다. 하지만 그 모든 굴곡을 넘어 다시 그 원래 사랑을 확인하게 될 때는 이전보다 더 단단해져 있을 것입니다.

비록 하느님의 사랑이 인간의 언어를 빌려 표현되더라도 우리의 부족한 사랑을 기준으로 그 사랑을 판단해서는 안 됩니다. 우리의 사랑은 불완전하지만 우리를 향한 하느님의 사랑은 완전하기 때문입니다. 하느님의 사랑은 조건도 없고 제한도 없습니다. 하느님의 사랑은 우리의 두려움과 좌절

새끼들을 먹이는 펠리컨(부분), 헤르만 샤퍼(디자인), 안토니오 살비아티(모자이크), 1880-1881년경, 아헨 대성당, 아헨, 독일. 사진: Horst J. Meuter(위키미디어, CC-BY-4.0).
펠리컨은 초기 그리스도교에서 예수 그리스도의 희생을 상징하는 동물로 여겨졌다.
전설에 따르면 어미 펠리컨은 부리로 제 가슴을 쪼아 피를 내 새끼들을 먹인다고 한다.

을 뛰어넘습니다. 따라서 '질투하시는 하느님'이라는 표현에서 보듯이 그분의 사랑을 증오나 분노가 아니라 뜨거움과 온전함으로 이해해야 합니다(증오나 분노와 연결하는 것은 우리만의 착각일 뿐입니다.). 신명기 6장 20-25절은 이스라엘 민족이 중요한 축제 때에 가족이 모여 함께 식사를 하며, 자녀와 부모가 신앙에 대해 묻고 답하는 모습을 보여 줍니다. 이스라엘의 신앙 고백과 같은 이 내용은 역사 속에서 하느님을 어떻게 만났는지를 보여 줍니다. 또한 세대를 넘어 전해진 구원 역사를 구체적인 시간을 통해 구현해 냄으로써 자신들의 삶에서 그 믿음을 이어 갑니다.

● 묵상

1. 신명기 6장 4-5절은 한 분이신 하느님에 대해 전합니다. 그리고 사랑을 말합니다. 사랑의 관계에서 오직 '나'와 '너'만이 오롯이 마주하는 것은 사랑의 기초이며 핵심입니다. 그 사랑에 누군가가 끼어들 수는 없습니다. 나와 너만이 서로를 사랑할 수 있습니다. 나를 확장하여, 나를 위해 '나를 사랑해 주는 너'를 바라는 것은 사랑이 아닌 자기 위로일 뿐입니다. 부족한 인간의 언어와 생각도 이러한 사랑을 욕심이나 이기심으로 받아들입니다. 그러므로 사랑은 나와 너가 오롯이 '나'와 '너'로 존재하기를 요구합니다. 사랑은 누군가의 간섭이나 강요 없이 오롯이 서로를 원하기를 바랍

니다. 또한 사랑은 '너'가 '나'를 사랑하기를 바랍니다. 오직 너의 온전한 의지와 선택으로 나를 원하기를 바랍니다. 사랑은 내 사랑의 대상인 너를 놓아줍니다. 그래서 사랑에는 힘이 없습니다. 사랑은 강요할 수도 분노할 수도 파괴할 수도 없습니다. 이 모든 인간의 사랑은 하느님의 사랑을 부분적으로나마 반영합니다. 마음과 목숨과 힘을 다해 행해야 할 우리의 모든 사랑은 하느님과의 사랑에서 왔고, 그 사랑 자체를 지향합니다. 내가 하느님과 나누는 사랑은 어떠한가요?

2. 이스라엘 민족은 신명기 6장 4-5절을 구체적으로 실천했습니다. 율법을 향한 그들의 열정과 노력은 관점에 따라서는 지나치게 보일 수도 있습니다. 글씨 하나 바꾸지 않고 있는 그대로 성경의 말씀을 따르려는 그들의 열정은 편협함으로 보일 수도 있습니다. 하지만 이들의 정성과 노력을 얕게 보아서는 안 됩니다. 그 정도의 열정을 가져 보지 못한 우리의 게으름으로 그들의 뜨거움을 우습게 여겨서는 안 됩니다. 그 열정의 크기를 생각해야 합니다. 성경 말씀을 따르기 위해 안식일에 걷는 걸음 수까지 세던 그들의 열정을 사랑의 두께로 이해할 수 있습니다. 우리에게는 율법의 모든 세칙을 통합하고 완성하신 예수 그리스도의 사랑이 있습니다. 이 사랑도 실천과 행동을 요구합니다. 머리와 감정으로만 따라잡을 수 없는 사랑이 우리의 삶 속에도 요구됩니다. 이웃을 사랑하고 하느님을 사랑하라는 예수님의 명령은 우리의 삶 전체를 요구합니다. 이스라엘 사람들이 보

기에는 아무것도 정해져 있지 않은 듯 보이겠지만, 모든 것을 넘어 모두를 바라는 사랑이 우리의 신앙입니다. 나는 하느님을 온 마음과 목숨과 힘을 다해 사랑합니까? 그 사랑이 구체적인 실천으로 이어지고 있습니까? 아니면 그저 머릿속 개념으로만 머물고 있습니까?

3. 모세는 이스라엘 백성이 약속의 땅에 들어갔을 때 행해야 할 태도와 지향을 전합니다. 성경의 편집자들은 이 예언적인 이야기를 성경 곳곳에 담아 두었습니다. 겉으로는 미래에 일어날 예언으로 보이지만, 사실은 이미 지나간 역사에 대한 그들 자신의 아픈 반성이며 회고입니다. 또한 이스라엘이 유배라는 아픈 현실 앞에서 던졌던 의문이기도 했습니다. '왜 우리는 약속의 땅을 잃게 되었는가?', '우리 조상들의 하느님이신 주님은 왜 침묵하시는가?' 이런 의문들을 오늘날 우리도 가지고 있습니다. 세상의 많은 악함과 왜곡과 부조리 앞에서 왜 하느님께서 분노하시지 않는지 우리는 격정적으로 그분에게 따져 묻고 싶습니다. 이와 같은 삶의 질문들을 마음에 품은 이들은 성경 속의 많은 인물들과 함께 하느님께 말을 건넬 수 있습니다. 분노하시는 하느님, 슬퍼하시는 하느님, 사랑을 갈구하시는 하느님은 그 거친 언어를 넘어 우리를 위로해 주십니다. 또한 여전히 믿고자 하는 충분한 용기를 주십니다.

당신 성전을 향해 경배하나이다(제임스 티소)

제5과

신명 7-11장

광야에서의 시험과 좋은 땅의 약속

가나안의 포도, 제임스 티소, 1896-1902년경, 유다인 박물관, 뉴욕, 미국.

● 말씀: 신명기 11장 11-12절

11 **11**"그러나 너희가 차지하러 건너가는 땅은 언덕과 골짜기가 많은
땅으로, 하늘에서 내리는 비가 촉촉이 적셔 주는 곳이다. **12**주 너희 하느님께
서 돌보아 주시며, 주 너희 하느님의 눈이 한 해가 시작할 때부터 한 해가 끝날
때까지 늘 살펴 주시는 땅이다."

함께 읽을 성경: 신명기 7-10장; 11장 1-10.13-32절

이끎말

이스라엘의 전쟁 원칙(신명 7장)

신명기 7장에서 모세는 가나안 땅에서 만날 여러 민족과의 전쟁을 미리 예고합니다. 그 민족들이 이스라엘을 어떻게 위협하고, 주님과 맺은 계약에 어떤 해악을 끼칠지 경고합니다. 그들의 우상과 제단들을 불에 태워 없애라고 모세는 단호히 말합니다(신명 7,4-5 참조). 그들을 겁내지 말라고 합니다(신명 7,21 참조). 주님께서 그들을 멸망시키실 것이기 때문입니다(신명 7,23 참조). 앞으로 이스라엘이 치러야 할 전쟁에서 지켜야 할 유일한 원칙은 오직 주님께 의지하는 것입니다.

본문에는 전쟁의 언어가 담겨 있습니다. 이 때문에 오늘날의 독자들에게는 그 내용이 다소 폭력적이고 배타적으로 느껴질 수 있습니다. 그런데 잘 살펴보면 그 바탕에는 이집트에서의 기억이 전제되어 있습니다. “이집트에서 하신 일을 똑똑히 기억하여라.”(신명 7,18)라며 하느님께서 베푸신 해방의 기억을 되새깁니다. 따라서 전쟁의 거친 언어에 넘어질 필요는 없습니다. 기적적으로 이스라엘을 구하신 하느님께서 미지의 땅인 그곳에서도 변함없이 그들의 주님이 되어 주시리라는 약속이기 때문입니다.

오늘날 고고학 연구에 따르면 가나안 민족과 이스라엘 민족은 평지와 언덕 지대(산지)에 각각 자리 잡고 공존했습니다. 주님께서는 가나안 민족을 전쟁으로 쓸어버리지 않으셨습니다. 본문의 거친 표현들은 그만큼 고통받았던 이스라엘의 역사를 반영하며, 바로 그 고통 속에서 피어난 희망을 역설적으로 노래한 셈입니다.

광야와 약속된 땅(신명 8장)

모세는 계속해서 약속된 땅에 대해 말합니다. 신명기 8장은 개관에 해당하는 1절을 제외하고 다음과 같이 네 부분으로 구분할 수 있습니다.

절	내용
2-6절	광야에서의 주님 현존 기억(광야에서 함께하신 주님을 기억함)
7-10절	이스라엘을 약속된 땅으로 이끄시는 주님
11-16절	약속된 땅에서 주님을 잊음에 대한 경고1–풍요로운 삶에 관하여
17-20절	약속된 땅에서 주님을 잊음에 대한 경고2–재산에 관하여

이러한 구분을 통해 광야의 척박한 삶과 약속된 땅의 풍요로움이 선명하게 대조됩니다. 이 대조되는 삶은 역설적이게도 '주님의 현존'과 '주님을 잊음'이라는 내적 상태의 대조로 이어집니다. 즉 광야에서 겪은 고난은 주님의 '현존'과 도우심을 드러내는 도구이며, 약속의 땅에서 누릴 풍요로움은 그 풍요를 주신 주님을 '망각'하게 할 수 있다는 경고입니다. 그러므로 이스라엘이 지켜야 할 계명과 규정은 그들 삶의 변화 속에서 추구해야 할 가치입니다. 망각과 기억의 대조를 통해 계명들은 문서 속에 갇힌 죽은 의무가 아니

라 살아 있는 신앙으로 남게 됩니다. 오히려 각자의 역사와 삶 속에서 끊임없이 되새기고 선택되고 적용될 살아 있는 해석과 질문으로 바꿔 줍니다. 광야의 거친 환경 속에서도, 가나안의 풍요로움 앞에서도, 이스라엘은 그 모든 것을 주관하시는 '주 하느님' 한 분만을 기억하고 섬겨야 하는 것입니다.

이스라엘의 고집(신명 9장)

신명기 8장을 이해할 핵심 단어가 기억과 망각이었다면, 9장을 해석할 중요 어휘는 바로 '고집'입니다. 광야의 척박한 삶에서 이스라엘을 돌보신 하느님께서는, 가나안 땅의 풍요 속에서 그들이 주님을 잊을지라도 변함없이 당신 백성을 보살피실 것입니다. 하지만 모세는 이 모든 보호하심이 오직 하느님의 선택에 따른 것임을 엄중히 선언합니다. 결코 이스라엘이 잘해서나 의로운 민족이어서 땅을 약속받게 된 것은 아니라는 것입니다.

그래서 본문은 다시 과거를 되돌아봅니다. 탈출기 32-34장의 내용이 회상 형식으로 되풀이됩니다. '목이 뻣뻣하다'라는 표현은 이스라엘의 고집을 드러냅니다. 잠언 29장 1절과 예레미아서 7장 26절에서도 '목을 뻣뻣이 세우다'라는 비슷한 표현이 쓰입니다. 이는 종이 주인에게 고개 숙여 존경을 표하며 그의 뜻을 받들겠다는 자세와 정반대의 태도입니다. 고개를 치켜들고 반항하는 아이 같은 모습을 이스라엘에 빗댄 것입니다. '뻣뻣한'으로 번역된 히브리어 '카셰קשה'는 '굳은', '엄중한', '어려운'으로 옮길 수 있습니다. 또한 같은 원어를 에제키엘서 2장 4절은 '뻔뻔한'이라고 옮깁니다. 이는 하느님의 보호하심을 잊은 채 금송아지 우상을 섬기던 이스라엘의 '뻔뻔함'을 가리킵니다. 하느님께 감사함을 잊어버려 목이 뻣뻣해진 이들이라고 할 수 있습니다.

새로운 십계판과 계약 궤(신명 10,1-10)

광야의 이스라엘은 종종 감사함을 잊고 목이 뻣뻣해지곤 했지만, 모세는 백성과 하느님 사이의 중개자로서의 역할을 충실히 수행합니다. **또 다른 40일**을 머문 끝에, 모세는 다시 같은 십계명을 받을 수 있었습니다. 하느님의 마음을 되돌리는 데 그만큼의 시간이 필요했습니다. 이스라엘은 광야에서 40년을 머물고서야 약속의 땅을 마주할 수 있었습니다. 모세는 호렙산에서 40일을 두 번 지내고서야 십계명이 적힌 계약판과 계약 궤를 모실 수 있었습니다.

따라서 구약 성경에서 **'40'**이라는 숫자는 **'준비', '인내', '정화'**의 의미를 지니며, **하느님의 은총이 현실화되기까지 필요한 기간**을 상징합니다.

주님의 요구(신명 10,11-11,25)

모세는 눈에 보이는 십계판과 계약 궤를 통해서만 하느님을 섬길 수 있다고 하지 않습니다. 그는 다시 **'사랑'**을 말합니다. **'마음에 할례를 행하라.'**고 합니다(신명 10,16 참조). 신명기 10장 12-13절에는 주님께서 이스라엘에게 원하시는 것들이 나열됩니다. 미리 제시된 주님의 요구들은 신명기 11장 25절까지 반복되어 드러납니다. 원어의 의미를 살려서 옮기면 다음과 같습니다.

선택받은 이들의 승천(부분), 디르크 바우츠, 1470년경, 릴 미술관, 릴, 프랑스.
사진: FrDr(위키미디어, CC-BY-4.0)

1) 너희의 주님을 두려워하라(신명 10,20).

2) 주님의 모든 길 안에서 걸어가라(신명 11,22).

3) 주님을 사랑하라(신명 11,1.13.22).

4) 너희의 하느님이신 주님을 섬겨라(신명 10,20; 11,13).

5) 계명을 지켜라(신명 11,1.8.13.22).

비슷한 명령이 신명기와 다른 성경 본문에서 반복하여 강조됩니다. 이 요청들의 핵심은 **"주님께 충실하라!"**입니다. 마치 사랑하는 **연인에게 충실하여, 그의 모든 것을 바라고 추구하고 궁금해하며, 그를 위해 자신의 삶을 꾸리듯**이 그렇게 주님을 대하라고 모세는 이야기합니다.

한편 신명기 10장 21절은 두 문장으로 시작합니다. 이 두 문장은 종교적 예식의 핵심을 전합니다. 이를 직역하면 '그분은 너희의 찬미이시다. 그분은 너희의 하느님이시다.'입니다. 이 문장에 이어서 "이렇게 크고 두려운 일을 하신 분"이라는 문장이 따라옵니다. 『성경』에서 '찬양'으로 번역된 히브리어 '터힐라 תהלה'는 '노래', '시', '찬미'로도 옮길 수 있습니다. 교회의 전례에서 울려 퍼지는 시편과 화답, 노래가 그 자체로 하느님을 우리에게 드러낸다는 것을 이 구절을 통해 알 수 있습니다.

축복과 저주(신명 11,26-32)

모세가 이야기하는 축복과 저주는 무슨 의미일까요? 자칫하면 엄한 부모가 아이에게 내리는 상벌처럼 들립니다. 하지만 본문은 전례 예식을 전제합니다. 신명기 11장 29절의 "그리심산 위에서는 축복을, 에발산 위에서는 저주를"이라는 구절이 이를 잘 드러냅니다.

그리심산과 에발산은 멀리 떨어진 두 개의 산이 아닙니다. 풍요로워서 축복받은 그리심산과 척박하여 버려진 듯한 저주의 에발산은 같은 산맥에 위치하며, 두 정상이 900미터 정도 떨어져 있고, 그 사이에 '스켐' 골짜기를 두고 이웃합니다. 신명기 27장 2-26절은 이 두 산에서 이루어질 예식을 전해줄 것입니다.

따라서 모세가 전하는 축복과 저주는 영판 다른 두 개의 길이 아니라, 집으로 가는 유일한 길 위에서 서로 다른 방향에 위치해 있다고 할 수 있습니다. 집으로 통하는 길에서는 당연히 집을 향해 앞으로 가야만 하는 것이 맞습니다. 집이 아니라 뒤를 돌아 반대 방향으로 간다면, 집에서 누릴 풍요와 안식에서 멀어지는 것입니다. 이렇게 한 방향으로 나아가는 삶에는 축복과 저주가 늘 상존해 있습니다. 그러므로 모세가 이스라엘 백성에게 말하는 축복과 저주는 삶(생명)을 선택하라는 설득입니다.

● 묵상

1. 모세는 이스라엘 백성을 향해 '목이 뻣뻣하다'고 지적하며, 하느님께 충실

하라고 촉구합니다. 감사할 수 있다는 것은 어떤 의미일까요? 모든 것을 당연하게 여긴다면, 감사할 수 없을 것입니다. 나의 노력 없이 거저 얻었다는 것을 자각하게 될 때에 우리는 감사할 수 있습니다. 목이 뻣뻣하다는 것은 "내 것은 모두 내 힘으로 이룬 것이다."라는 태도입니다. 즉 감사하지 않는 태도를 말합니다. 당연한 것을 받았을 뿐이라는 뻔뻔한 자세입니다. 물론 때로는 그렇게 이야기해야 할 때가 있습니다. 누군가의 무례함 앞에서, 함부로 가해진 폭력 앞에서 그러면 안 된다고 고개를 치켜들고 맞서야 할 때가 있습니다. 하지만 그 맞섬이 나만을 위한 것이라면, 금방 힘을 잃을 것입니다. 다른 고집과 무례함으로 금세 변질될 것입니다. 내가 이루었다고 할지라도 그것은 내 것이 아니라, 하느님께서 잠시 나에게 허락하신 것입니다. '나'라는 존재 자체가 내가 이룬 것이 아닌데, '내 것'이 어디에 있겠습니까? 우리는 선물 받은 존재, 감사해야 할 존재입니다. 모든 것은 주님의 것이고, 변하지 않는 것은 주님뿐이라고 겸손하게 고백해야 할 우리입니다.

2. 모세는 이스라엘에게 십계명을 두 번 전합니다. 계명이 적힌 첫 계약판은 깨어져 버렸습니다. '처음' 새겨진 돌판은 내던져져 조각나 버렸습니다. 우리 삶도 이와 같아서 수많은 실패를 거듭합니다. 처음 했던 약속과 처음 마주한 벅참은 어디로 흐르는지 모르는 시간 속에서 당연함과 무감각함의 옷으로 바꿔 입습니다. 그래서 신명기의 '두 번' 주어진 계약판은 우

리를 위로해 줍니다. 하느님과의 계약도 단번에 온전히 받아들이지 못했으니, 우리를 위협하는 '처음의 상실'은 없기 때문입니다. 사실 성경에서 이스라엘은 하느님을 '여러 번' 거절했습니다. 끊임없이 의심하며 다른 것에 눈을 돌렸습니다. 하느님께서는 그때마다 '계속해서' 그들과 새로이 마주하십니다. 매번 그들의 마음을 붙잡아 돌이키게 하십니다. 성경에서 반복적으로 나타나는 실패와 그 속에서 드러나는 하느님의 사랑은 우리를 '계속될' 회심에로 이끕니다. 처음 한 번만이 중요한 것이 아니라, 실패하더라도 계속되는 선택이 우리를 '계속될' 회심으로 이끕니다.

3. 성경에서 '40'은 이 준비의 시간을 의미합니다. 하느님께도 마음을 돌리기 시 위해 준비하실 시간이 필요하셨던 걸까요? 사실 이 '40'은 하느님께 필요한 시간이 아닙니다. 그분의 마음은 처음부터 우리를 향해 있기 때문입니다. '40'이라는 시간은 우리가 마음을 돌려 주님의 뜻을 알아차리는 데 필요한 기간입니다. 이스라엘은 40년을 광야에서 지내며 하느님을 받아들여야 했고, 모세는 40일을 주님 옆에 머물며 이스라엘이 준비될 때까지 인내했습니다. 예수 그리스도께서도 당신의 공생활을 시작하시며, '40'일이라는 시간을 세상에 선사하셨습니다. 세상이 자신들의 임금을 알아보도록 그 시간을 허락하셨습니다. 나의 삶은 이 '40'이 전하는 인내와 알아봄의 시간입니다. 나는 주님에게서 왔고 그분만이 나의 주인이시며 나는 그분께로 간다는 기대를 다잡을, 짧지만 긴 기간입니다.

선택받은 이들의 승천(디르크 바우츠)

제6과

신명 12,1-16,17

하느님과 이웃을 섬기는 방법

공동체의 단죄, 제임스 티소, 1896-1902년경, 유다인 박물관, 뉴욕, 미국.

● 말씀: 신명기 12장 4-5절

12 **4**"너희는 주 너희 하느님을 그렇게 경배해서는 안 된다. **5**너희는
주 너희 하느님께서 당신의 이름을 두시고 당신의 거처로 삼으시려고, 너희
모든 지파 가운데에서 선택하시는 곳을 찾아가야 한다. 너희는 반드시 그곳
으로 가야 한다."

함께 읽을 성경: 신명기 12장 1-3. 6-31절; 13-15장; 16장 1-17절

● 이끎말

우상 숭배 금령과 제물을 바치는 방식(신명 12장)

신명기 12장부터 26장 16절까지는 구체적인 법 규정들을 제시합니다. 마치 현대의 법조문처럼 이스라엘이 약속의 땅에서 맞닥뜨릴 다양한 상황에 대한 규정들을 모세의 입을 통해 나열합니다. 그들이 마주할 '조건'과 그에 맞는 '법조문'이 따라오는 것입니다.

신명기 12장 1절은 앞으로 언급할 모든 규정에 대한 개관입니다. 그리고 26장 16절까지의 규정들은 크게 세 부분으로 나눌 수 있습니다.

장절	내용
12,2-16,17	오래된 원칙적 규정들
16,18-18,22	왕정, 제사, 법 집행 등 제반 제도에 대한 규정들
19,1-26,16	그 외 다양한 사회생활에 대한 규정들

신명기 12장은 우상 숭배 금지(신명 12,2-4.29-31)와 제사 및 제물 처리 방식(신명 12,5-28)으로 나뉩니다. 특히 제사 구분과 제물 처리 방법에 대한 세부 규정이 눈에 띕니다. 이스라엘은 '아무 곳'에서나 번제물을 바쳐서는 안 되며(신명 12,13 참조), 정해진 이들(신명 12,18 참조)의 도움을 받으며, 정해진 것(신명 12,22-25 참조)을 먹어야 합니다. 이는 아직 존재하지 않는 예루살렘 '성전'을 염두에

둔 규정으로 볼 수 있습니다. 본격적인 계명을 제시하며 제사와 제물에 대한 규정으로 시작한다는 것은, **이스라엘이 약속된 땅에서 하느님과 올바른 관계를 맺는 것이 가장 중요한 사명**임을 알려 주는 것입니다. 이스라엘은 이 새로운 땅에서 보이지 않는 하느님을 섬기도록 허락되었습니다. 그들은 성전에서 사제들의 도움으로 바치는 보이는 제사를 통해 하느님을 섬기게 되었습니다.

우상 숭배에 대한 처리 규정(신명 13장)

신명기 12장의 규정에 이어 13장에서는 우상 숭배의 유혹에 대해 더 자세히 이야기합니다. 그들을 현혹할 예언자나 환몽가의 술수에 넘어가지 말라고 경고합니다. 이러한 유혹은 이스라엘이 하느님께로 향하는 길에서 벗어나게 할 것입니다(신명 13,6 참조). 신명기 13장 7-12절은 개인이 우상 숭배의 잘못을 저질렀을 때 어떻게 처리해야 하는지를, 13-18절은 한 성읍 전체가 우상 숭배 행위를 저질렀을 때 어떤 방법으로 처단해야 하는지 규정합니다. 개인이 저지른 우상 숭배 죄는 공동체가 함께 '돌을 던져' 처단해야 하며, 한 성읍이 저지른 우상 숭배 죄는 그곳을 폐허로 만들어야 한다고 엄중히 말합니다.

돌을 던져 사형을 집행하는 방법은 두 가지 의미와 결과를 낳습니다. 첫째, 개인의 손이 아닌 공동체의 손으로 그를 처단한 것이 되며, 처형 방법 자체가 공동체적 윤리를 각 개인에게 환기하는 효과를 낳습니다. 둘째, 돌무

더기가 쌓여 처형당한 사람이 격리되고, 그 모습이 가려집니다(여호 7,25-26 참조). 사람들은 자신들이 돌을 던져 함께 죽인 이를 볼 수 없게 됩니다. 그러므로 이것은 '공동체의 단죄와 공동체로부터의 철저한 분리'를 의미합니다. 이러한 사형 방법이 이스라엘의 역사 속에서 실제로 어느 정도 실행되었는지 알 수는 없습니다. 다행히도 교회는 역사적으로 이러한 성경의 규정을 따른 적은 없습니다. 하지만 우리는 교회의 이름으로 행해진 과거의 잔혹한 다른 사형 방법도 기억합니다. 지금도 '믿음'의 이름으로 누군가를 '처형'하는 일이 일어납니다. 오늘날 우리는 이러한 잔혹해 보이는 규정에서 '공동체'가 믿음의 핵심에 있다는 의미를 찾을 수 있습니다. 우리는 공동체로서 '믿음'을 가지고, 공동체로서 그 믿음의 옳은 길을 찾아야 합니다.

한편 우상 숭배 행위를 저지른 성읍을 폐허로 만드는 규정은 어떻습니까? 여호수아기는 이스라엘이 점령한 가나안의 많은 성읍에서 이와 같은 일이 행해졌다고 서술합니다(여호 6.8.10장 참조). 그러나 고고학 연구 결과들은 이런 잔혹한 사건이 없었을 것이라 말합니다. 그때 대규모 정복 전쟁이 일어났다는 증거를 찾기 어렵다고 말합니다. 그런데 왜 이런 규정과 잔혹한 묘사가 제시된 것일까요? 지금 우리는 그 이유를 확실히 알기 어렵습니다. 한 예로 이스라엘이 점령했다는 예리코는 아주 오래전부터 형성되었던 도시입니다. 하지만 고고학 연구에 따르면 지진과 같은 자연 현상으로 오랫동안 폐허로 남아 있었다는 결론에 도달했습니다. 어쩌면 성경의 편집자들이 과거에 융

성했던 도시가 폐허가 된 것을 보고 우상을 섬긴 결과로 해석한 것인지도 모르겠습니다(신명 13,17 참조).

그렇다면 우상 숭배 행위를 저지른 성읍에 대한 신명기의 처리 규정은 가나안 정복 전쟁 이야기의 잔혹함을 '하느님 경외'라는 신학적 주제로 해석한 것이라고 볼 수 있습니다. 왜 그들이 한 사람도 남지 않고 모두 칼날에 쓰러졌는지(여호 8,24 참조), 그 잔인한 이야기 속에서 교훈적 의미를 전하고자 한 것일 수도 있습니다.

짐승과 십일조에 대한 규정(신명 14장)

모세가 말하는 정결한 짐승과 부정한 짐승에 대한 구분은 고대 이스라엘의 위생 개념이 경험적으로 전승된 것이라고 할 수 있습니다. 당시 의학이 발달하지 않았기에 질병과 음식 섭취의 정확한 상관관계를 알 수 없었을 것이고, 경험적으로 전해 내려오는 기초적인 금기 사항이 이와 같은 섭식 규정으로 자리 잡았을 것이라 추측할 수 있습니다.

이 중에서 눈에 띄는 규정은 돼지 고기의 섭식에 대한 금령입니다(신명 14,8 참조). 돼지 고기를 먹지 말라는 명령은 이스라엘의 고유한 규정에 해당합니다. 되새김질하는 동물들과 달리 돼지는 그 먹이가 사람들의 양식과 많이 겹치기 때문에, 이 금령의 숨은 주제는 가난한 이들에 대한 보호라고 할 수 있습니다. 사람처럼 잡식성인 돼지가 주된 식자재로 허락된다면, 가난한 이들은 부유한 이들이 먹기 위해 기르는 돼지와 식량을 두고 경쟁하는 처지에 놓이게 될 것입니다(루카 15,16 참조). 돼지 고기를 먹지 말라는 금령은 고대 이스라엘의 경제적 빈곤을 드러내는 것으로도 해석할 수 있습니다. 고고학 연구에 따르면 이스라엘은 풍요로운 북부의 초목 지대와 해안의 평야 지대가 아니라, 주로 물 확보가 쉽지 않은 언덕(산지)에 자리 잡았습니다. 따라서 그들은 경제적으로 낙후되었고, 돼지를 기를 여력이 없었을 것입니다.

재물에 대한 규정들(신명 15장)

이집트에서의 종살이에 대한 기억은 경제적으로 어려움을 겪는 이들과 공감하는 근거가 됩니다. 신명기 본문의 '기억'과 '기념'에 대한 언급은 대부분 이집트 탈출 체험을 대상으로 합니다(참조: 신명 7,18-19; 8,2; 9,7; 11,2.6; 16,3; 24,9; 25,17). 그러므로 신명기의 규정은 가난한 이들이 처한 '억압'을 같은 '기억'으로 공감하며 그들과 연대하라고 설득하는 것입니다. 이집트에서 억압받았던 이스라엘의 아픈 기억은 이제 그와 비슷한 상황에 놓인 이들과 함께할 근거가 되어 줍니다.

한편 신명기 15장 1절은 '일곱'이라는 숫자(참조: 신명 15,12; 16,9)와 '수확'이라는 상황을 이야기합니다(참조: 신명 15,14; 16,9). 먼저 '일곱'은 성서적 배경에서 세상 창조와 관련한 '완성'을 의미하는 숫자입니다(창세 2,1-3 참조). 이는 이방인과 고아와 과부에 대한 보호가 세상 창조의 완성을 기념하는 것과 관련됨을 의미합니다.

신명기 15장 14절의 '타작마당(גרן 고렌)'과 '술틀(יקב 예켑, '포도즙 틀'이라는 뜻)'은 수확을 염두에 둔 장소적 배경입니다. 가장 바쁜 수확 철에 종으로 있던 이가 나가더라도 그에게 넉넉히 내주어야 한다는 것입니다. 이 규정들은 표면적인 보호만이 아니라 그 원리를 전해 줍니다. 바로 **'기억'과 '완성'이 가난한 이들을 대하는 신명기 규정의 핵심 원칙**입니다.

축제에 대한 규정(신명 16,1-17)

신명기 16장 1-17절은 **파스카**(신명 16,1-8)와 **주간절**(신명 16,9-12)과 **초막절**(신명 16,13-17)의 의미를 규정합니다. 사실 이 절기에 따른 축제들의 기원은 **가나안의 수확 축제**와 관련지어 생각할 수 있습니다. 농경 문화를 바탕으로 한 수확이 축제의 근원으로 보이기도 합니다. 이스라엘 민족은 농경 문화가 바탕이 된 사회가 아니었습니다. 성경의 여러 곳에서 서술되듯이 그들의 원천적인 문화는 유목 생활에 가까웠습니다. 그러므로 이 규정들은 이미 문화 안에 융합된 절기 축제들에 대한 신앙적 해석으로 볼 수 있습니다. 약속의 땅에 들어가기 전, 모세가 이스라엘 백성에게 **'미리'** 이야기하는 형식으로 그 해석의 정당성을 확보하려 한 것입니다.

모든 것 안에서 하느님을 발견하려는 신명기 편집자들의 노력을 오늘날 우리가 폄하할 수는 없습니다. 우리 인간은 모두 세상을 해석하는 존재들이기 때문입니다. 그리고 신앙인은 '믿음'으로 세상을 해석하는 이들입니다. 신명기의 모세는 서로 다른 문화적 기원을 가진 이 세 가지 절기 축제를 **'이집트 탈출'이라는 믿음의 기억**과 관련하여 해석합니다.

이스라엘 서안 지구 카파르 에치온의 초막절(수콧) 축제를 위한 초막 모습(부분).
사진: Zachi Evenor(위키미디어, CC-BY-2.0)

● 묵상

1. 신명기 12장은 우상 숭배에 대한 엄격한 금령과 처리 규정을 전합니다. 우상을 숭배한 개인과 성읍에 대한 폭력적인 처리 방법을 잠시 미뤄 두고, 신명기 편집자들이 왜 이토록 엄하게 우상 숭배를 금지했는지 생각해 봅니다. 어쩌면 그것이 그만큼 큰 유혹이었을 수 있습니다. 가끔씩 우리가 바라는 것을 크게 반대받을 때의 반응처럼, 이스라엘의 역사 속에서 강대국들의 신들은 그들의 힘만큼이나 탐나는 것이었다고 생각해 봅니다. 그래서 많은 임금들이 그 유혹에 빠졌고 여러 예언자들은 이에 대해 엄중하게 경고했습니다. 별것 아니라면 금지할 필요도 없고 엄하게 말할 필요도 없었을 것입니다. 그토록 강한 경고가 필요했다는 것은 이스라엘이 한 분이신 하느님이 아닌 다른 것들에 자주 마음을 빼앗겼다는 것을 반증합니다. 우리도 마찬가지입니다. 성경의 엄격하고 단호한 목소리에서 우리를 향한 하느님의 깊은 우려와 경계심을 발견합니다. 우리는 자신이 가지지 못한 것에 대해, 그리고 자신을 가장 크게 흔드는 유혹에 대해 가장 강하게 반대하는지도 모릅니다.

2. 십일조 규정은 단순히 비율에 대한 원칙이 아닙니다. 얼마를 벌었으니 일부를 하느님께 내어 드려야 한다는 것이 아닙니다. 사랑은 그렇게 구분하여 배분하지 않습니다. 모든 것을 주어도 부족한 것이 사랑이며, 아무것

도 받지 않아도 그 존재만으로 이미 충만한 것이 사랑입니다. 그러므로 십일조 규정을 단지 교회에 바칠 예물과 관련하여 해석하는 것만으로는 충분하지 않습니다. 오히려 십일조 규정은 우리의 완고함을 깨뜨리는 균열이라고 보아야 합니다. 십일조 규정이 우리를 이끌어 삶 속에서 사랑을 구체적으로 실현하게 한다고 해석해야 합니다. 아무것도 나누지 못하는 뻣뻣한 마음을 넘어, 하느님을 경외하는 방법을 배우게 한다고(신명 14,23 참조) 이해해야 합니다. 나는 하느님께 무엇을 나눠 드리고 있습니까? 그것이 나의 의무감이나 죄책감이 아니라 하느님과 나의 사랑을 담고 있습니까? 나에게 십일조는 어떤 의미입니까?

3. 자신과 같은 처지에 있는 이들에 대한 연민은 그들을 향한 우리의 마음을 열어 줍니다. 이 연민과 공감이 우리의 '믿음'을 세상에 드러내는 길입니다. 내가 모르는 타인의 상황을 함부로 재단하여 비난하지 않는 힘은 침묵에서 나옵니다. '나는 잘 모른다.'는 자각과 겸손은 우리를 침묵하게 합니다. 판단하지 않고 받아들이게 합니다. 또한 그들의 가난하고 열악한 상황을 게으름이나 어리석음 탓으로 비난하지 않고, 비슷한 고통의 기억을 바탕으로 '공감'하게 합니다. 최근 내가 연민과 공감을 느낀 것은 언제, 누구를 통해서인가요?

영원의 문(빈센트 반 고흐)

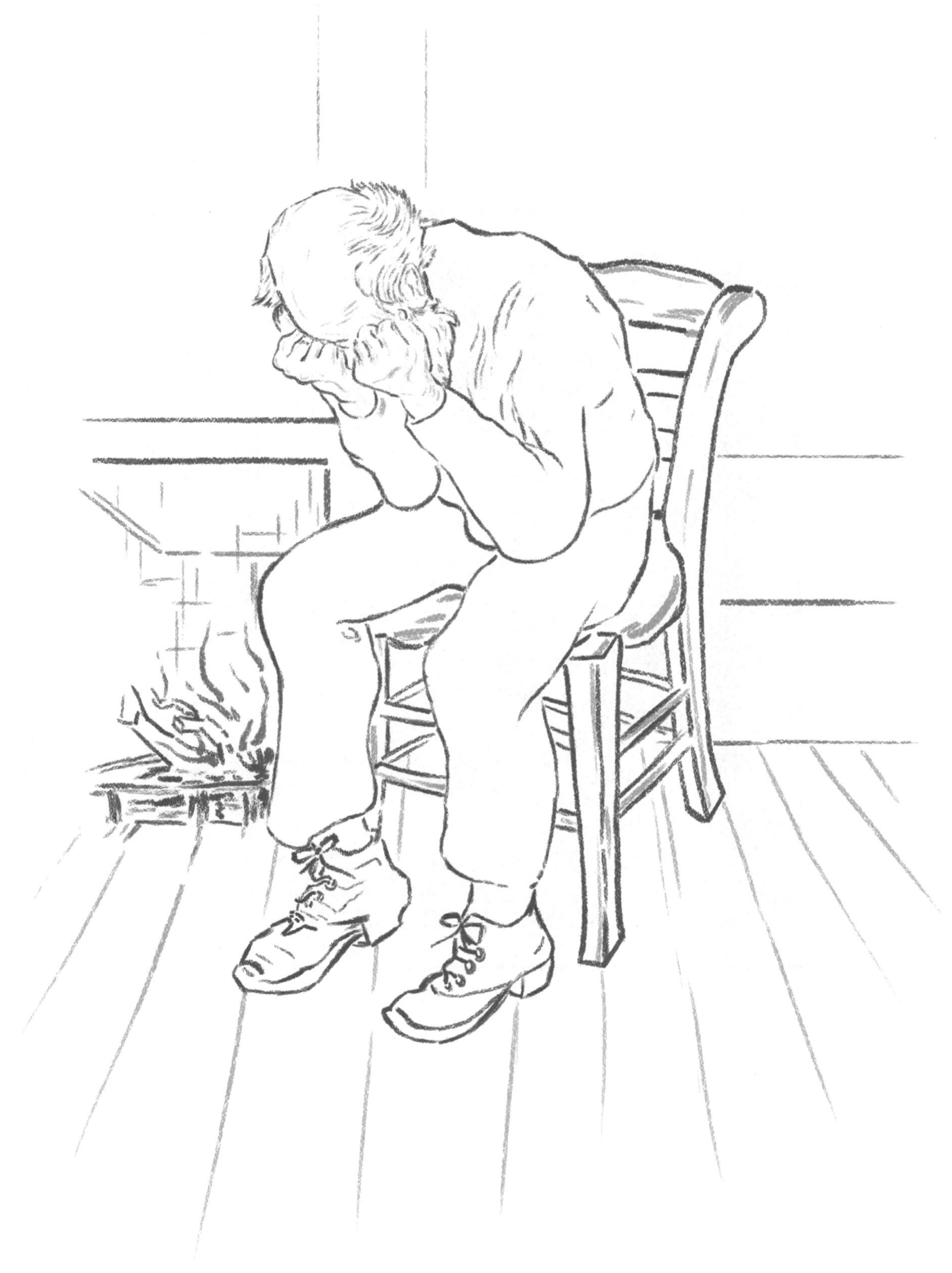

제7과

신명 16,18-18,22

백성 앞에 선 이들에 대한 약속과 규정

솔로몬의 재판(부분), J.R. 클레이턴, 클레이턴 앤 벨, 1902-1904년 설치, 웨스트민스터 대성당 성 그레고리오와 성 아우구스티노 경당 모자이크, 런던, 영국. 사진: FA2010(위키미디어, CC BY-SA 4.0)
이미지에는 "산 아기를 죽이지 말고 처음 여자에게 내주어라. 저 여자가 그 아기의 어머니다."(1열왕 3,27)라는 솔로몬의 판결문이 라틴어로 새겨져 있다. 솔로몬 임금 좌우에는 천사들이 '정의'와 '자비'가 적힌 두루마리를 들고 있다. 참된 재판에는 정의와 자비가 함께해야 함을 상징한다.

● 말씀: 신명기 16장 18절; 17장 18-19절; 18장 18절

16 **18**“너희는 주 너희 하느님께서 너희에게 주시는 모든 성에 판관들
과 관리들을 세워, 그들이 백성에게 올바른 재판을 하게 해야 한다.”

17 **18**“임금은 왕위에 오르면, 레위인 사제들 앞에서 이 율법의 사본을
책에 기록해야 한다. **19**그리고 그것을 자기 곁에 두고 평생토록 날마다 읽으
면서, 주 자기 하느님을 경외하는 법을 배우고, 이 율법의 모든 말씀과 이 규
정을 명심하여 실천해야 한다.”

18 **18**“나는 그들을 위하여 그들의 동족 가운데에서 너와 같은 예언자
하나를 일으켜, 나의 말을 그의 입에 담아 줄 것이다. 그러면 그는 내가 그에
게 명령하는 모든 것을 그들에게 일러 줄 것이다.”

함께 읽을 성경: 신명기 16장 19-22절; 17장 1-17.20절; 18장 1-17.19-22절

● 이끎말

이 과는 신명기 12장부터 26장 16절까지 이어지는 이스라엘의 다양한 규정들 중 두 번째 부분을 다룹니다. 약속의 땅에서 이스라엘이 마주하게 될 여러 풍습, 백성 앞에 설 이들과 제도에 대한 규정들입니다. 이스라엘 사회 체제를 이끌어 가는 이들, 곧 판관과 임금, 레위인과 예언자 등 **백성 앞에 서서 그들의 삶을 관장할 이들**에 대한 약속과 규정을 담고 있습니다. 오늘날의 표현으로 바꾸면 이스라엘의 정치 체제에 대한 규정이라고 할 수 있습니다.

판관에 대한 규정(신명 16,18-22)

모세는 판관과 관리에 대한 말을 이어 갑니다. 이 규정의 목적은 **'올바른 재판'**입니다. 이를 위해서 송사를 가리는 판관과 그것을 돕는 관리들은 공정해야 합니다. 그들은 오직 정의만을 따라야 합니다.

그렇다면 그들이 따라야 하는 '정의'란 무엇을 의미할까요? '정의'로 번역되는 히브리어 **'체덱צדק'**은 한마디로 정의하기 어려울 만큼 넓은 의미를 지닙니다. 하지만 대체로 두 가지 요소를 포함하는데 바로 '행동'과 '연민'입니다. 옳은 것을 추구하고 그것을 실현하기 위해 행동하는 것, 이것이 '정의'에 포함되어 있습니다. 또한 그 실천은 '공평함', 곧 약한 이들을 배려하고 살피는 것에서 시작됩니다. 이는 '네가 가진 것을 나도 가져야 한다.'는 식의 기계적인 정의가 아닙니다. 이집트에서 해방된 내가 억압된 상황에 놓인 그(그들)

를 해방시키는 공감과 연대의 정의입니다.

제사와 계약, 성소와 왕정에 대한 규정(신명 17,1-20)

신명기 17장 2-7절은 주님의 계약을 거스른 우상 숭배의 죄에 대한 규정입니다. 신명기 4장 15-24절과 13장 1-19절에서 이미 다뤘듯이 우상 숭배는 십계명의 첫 번째 규정을 어긴 것입니다. 주님과의 계약을 어긴 종교적인 죄이지만 규정이 적용되는 방식은 엄격합니다. 철저히 조사해야 한다며 구체적인 증인의 수와 형벌의 적용 방법까지 제시됩니다(신명 17,4-6 참조). 두 명 이상의 증언에 대한 규정은 부당한 법 적용을 막기 위한 것이기도 하지만, 신명기 13장 1-19절에서 보았듯이 공동체적 합의를 얻어 내기 위한 과정이기도 합니다.

신명기 17장 5절의 '남자나 여자를'이라는 표현은 이교도적 예식을 전제하는 것으로 보입니다. 이러한 고대 이교 예식의 흔적을 호세아서 4장 10-14절에서 찾을 수 있는데, 이는 신전 매음 행위를 단죄하는 내용입니다. 학자들은 농사와 관련한 특정한 절기에 풍요를 기원하기 위해 원시적인 종교 습성에 따라 신전에서 매음 행위가 있었을 것이라고 추정합니다. 따라서 신명기 17장 5절은 주님과의 계약 공동체를 유지하기 위한 노력으로 이런 행위들에 대해 엄한 규정을 둔 것으로 볼 수 있습니다. 이 규정은 주님과의 특별하고 독점적인 관계를 유지하고자 이교 예식을 따른 행위에 대해 사형으로 대응한 것입니다. 성문으로 끌어내어 집행되는 형벌 또한 공동체로부터의 추방을 의도한 것이라 이해할 수 있습니다.

신명기 17장 14-20절은 왕정 체제에 대한 규정입니다. 그런데 규정의 행간을 살펴보면, 이전의 엄한 어조가 사라진 것을 볼 수 있습니다. 앞서 본 이교 예식에 대한 규정이나 예언자에 대한 규정(신명 18,15-22)에서와 같은 강한 표현이 없습니다. 오히려 임금을 달래는 듯합니다. 은과 금을 '너무 많이' 늘리지 말라고 하고, 율법을 '배우고' '실천하라'고 합니다. 어쩌면 이 규정을 전하는 신명기의 편집자들은 이미 왕정 제도가 굳게 자리 잡은 현실에 놓여 있었는지도 모릅니다. 왕정 체제가 몰고 온 위험성(1사무 8,10-18 참조)은 알지만, 현실적인 힘 앞에서 스스로를 보호하려 한 것일 수도 있습니다. 여하튼 임금이 지켜야 하는 규정의 핵심에는 율법이 있습니다. 율법을 지키고 명심하는 것이 그에게는 중요합니다. 『성경』에서 '업신여기다'로 번역된 신명기 17장 20절의 히브리어 '룸 르바보רום־לבבו'는 본래 '높은 마음'이라는 뜻입니다. 히브리 성경은 이 구절에서 임금에게 백성과 같은 높이의 마음을 지니고, 그들의 시선에서 모든 것을 바라보라는 의미를 전합니다.

학자들이 제시하는 신명기가 쓰인 시기 중 가장 이른 시기의 역사적 상황을 살펴보겠습니다. 신명기가 쓰였다고 가정하는 가장 이른 시기는 유다 왕국 요시야 임금의 종교 개혁 때인 기원전 640-609년경입니다. 이때 전승된 원原신명기를 편집한 것으로 봅니다. 물론 학자들은 신명기가 요시야 임금 때에 단 한 번의 편집으로 이루어졌다고 보지는 않습니다. 그 횟수와 시기는 다르지만 그 이후에도 신명기 본문은 여러 차례 편집 과정을 거쳤을 것으로 봅니다.

다시 요시야 임금의 종교 개혁 시대로 돌아가, 당시 이스라엘 민족을 둘러싼 역사적 환경을 생각해 봅시다. 당시 이스라엘의 상황은 암담했습니다. 북왕국 이스라엘은 이미 아시리아에 멸망했고, 아시리아와 바빌로니아의 칼날은 남왕국 유다의 눈앞에 와 있었습니다. 실제로 50년도 채 지나기 전에 이 위협은 현실이 되었고 결국 유다 왕국은 무너집니다. 성전은 파괴되었고, 약속의 땅은 철저히 유린당했으며, 성조 때부터 전해 내려오던 하느님과의 약속은 임금의 죽음과 유배로 모욕당했습니다.

이러한 맥락에서 지금의 신명기를 살펴보면 두드러진 강조점이 있습니다. 신명기의 편집자들은 '다시' 하느님께 충실해야 한다고 말하는 것입니다. 강대국의 위협 앞에서 혹은 그 위협이 이미 현실이 된 시점에서 주님과의 계약을 갱신하는 것입니다. 계약에 충실하여 율법을 지키라고 독려합니다. 그리고 이 계약이 자신들의 자손에게까지 계속될 것이라고 모세의 입을 빌려 희망합니다. 따라서 신명기의 엄한 어조와 격한 규정들은 역설적으로 '약속'과 '희망'에 초점을 두어 해석해야 합니다.

레위인과 이방 풍습, 예언자에 대한 규정(신명 18장)

제사와 관련하여 이를 행하는 레위인에 대한 처분 규정이 있고 나서, 이스라엘 백성의 구체적인 삶을 흔들었던 이방 풍습에 대한 금지령이 이어집니다. 『성경』에서 '역겨운 짓'으로 옮겨진 신명기 18장 12절의 히브리어 '토

에바흐תועבה'는 성경 본문들에서 '모순', '경멸', '혐오'라는 의미와 '훼손된', '가증스러운'이라는 뜻으로 쓰였습니다. 이는 삶의 의미와 결과를 성급하게 얻으려는 이방 풍습을 경계하라는 것입니다.

한편 신명기 18장 20절은 참예언자와 거짓 예언자의 대립을 전제합니다. 이 두 그룹은 하느님 '말씀'의 전달자라는 점에서 대조를 이루며 대립합니다. 예언서들을 정리해 보면 참예언자와 거짓 예언자에 대한 판단 기준은 다음과 같습니다.

1. 하느님의 뜻에 따른 비판인가?(미카 3,11-12 참조)
2. 교만하지 않은 겸손한 태도인가?(예레 28,10-13 참조)
3. 생계에 얽매이지 않는 자유로운 예언인가?(미카 3,5 참조)
4. 예언과 삶이 일치하는가?(예레 23,14 참조)
5. '부름받은 자'로서의 자의식이 있는가?(참조: 예레 1장; 6,10)

신명기 18장 22절은 예언의 실현을 예언자를 구분하는 기준으로 제시합니다. 하지만 이것만으로 참된 예언을 정의할 수는 없습니다. '예언'이라는 성경의 다양한 원어가 의미하듯이 예언은 앞날을 미리 말하는 것만을 의미하지는 않기 때문입니다. 보이지 않는 하느님을 자신의 말과 지향으로 드러내는 것이 예언의 핵심입니다.

또한 이스라엘의 '참'예언자들은 하느님의 말씀을 전하여, 그 메시지를

미카 예언자(부분), 제임스 티소, 1896-1902년경, 유다인 박물관, 뉴욕, 미국.

들은 이들이 그분께 충실하도록 이끕니다. 곧 자신의 말과 행동, 선택과 지향을 통해 '성사적'으로 하느님을 드러내는 이가 바로 참예언자인 것입니다. 성경의 예언자들은 왕권의 흥망이나 자신들의 편안함에 관심을 두지 않습니다. 또한 백성의 환호에도 무관심합니다. 오직 하느님만이 그들의 유일한 관심이기 때문입니다. 그들의 예언은 이스라엘 민족 전체를 향하며 시간과 공간을 넘어 '예언 전승'의 형태로 이어져 지금까지도 힘을 지닙니다. 그러므로 예언자를 다음과 같이 규정할 수 있습니다.

1. 하느님 말씀의 타협 없는 전달자
2. 하느님 말씀에 따라, 어긋난 현실에 대한 비판자
3. 하느님 말씀을 세상, 즉 임금 · 지도층 · 사제 · 백성에게 알리는 전파자
4. 하느님 말씀을 직접적으로 받아들여 사회 제도를 바라보는 저항자

묵상

1. 모세는 약속의 땅에서 왕위에 오를 이들에 대해 형제들보다 '높은 마음'을 가져서는(사람들을 업신여겨서는) 안 되며, 계명을 지키는 데 충실해야 한다고 강조합니다. 임금에게 요구되는 이 덕목은 어떤 의미일까요? 무엇보다 스스로를 높이 보아 교만해지는 마음을 경계하라는 뜻입니다. 왕가의 자

손으로 태어나 풍요를 누리며 사람들을 통치할 기회를 부여받은 '우연한' 상황을 오해하지 말라는 것입니다. 사람들 앞에 서서 그들을 이끌 임무가 마치 그들보다 '위에' 있는 특별한 존재임을 의미하는 것으로 오해해서는 안 된다는 것입니다. 따라서 임금들도 주님의 계명에 충실해야 합니다. 하느님 외에는 그 누구도 '높은' 자리에 서 있지 않기 때문입니다. 이는 지금의 우리에게도 해당되는 이야기입니다. 우리는 각자에게 맡겨진 소명에 따라 주님께로 향하는 길을 공동체와 함께 걸어갑니다. 그 누구도 공동체 위에 있지 않으며 그저 주어진 일에 따라 걸어갈 뿐입니다. 때로는 앞자리에, 때로는 뒷자리에 있을 뿐입니다. 하느님이 아닌 누군가를 우리 가운데 '높은' 곳에 있는 특별한 존재로 오해해서는 안 됩니다. 하느님 말고 그 누구도 우리 위에 있을 수 없습니다. 나는 공동체 안에서 겸손한 마음으로 주어진 소명을 살아가고 있나요?

2. 우리 삶을 해석하려는 시도는 자주 성급한 결론으로 이어집니다. 점과 사주 풀이, 운세 보기와 같은 일들이 이러한 성급함을 드러냅니다. 인간의 존재 자체를 이해하기는 쉽지 않습니다. 그래서 그 불안함을 견디지 못하는 이들이 이런 행위에 빠지기 쉽습니다. 여기에는 인간의 삶을 손에 잡을 수 있는 명쾌한 무언가로 단순하게 해석하려는 근원적인 욕구가 배경에 있습니다. '두려움'과 '성급함'이 어리석음을 부추깁니다. 모세는 이방 풍습을 경계하며 '역겨운 짓'을 금지합니다. 왜 역겨운 짓일까요? 그것은

'삶의 모순'을 견디지 못하여, 없는 것에 기대는 '모순된' 결정이기 때문입니다. 영원함을 갈망하지만, 시간과 공간에 제약받는 인간의 '존재적 모순'을 함부로 결론 내리려는 시도입니다. 그 성급함 속에는 스스로를 하느님으로 여기는 교만이 숨어 있습니다. 처음부터 손에 잡을 수 없는 것을 통제하려 했으니 스스로를 하느님과 같은 자로 여긴 것과 같습니다. 그래서 역겨운 것입니다. 우리의 신앙은 이미 이 모순을 해결했습니다. 하느님은 사랑이시라는 믿음은 모든 불안정한 삶의 변수를 희망과 기대로 바꿔 놓습니다. 이 믿음 앞에서 더 필요한 것이 무엇이겠습니까? 불확실한 미래 때문에 불안했던 순간, 내가 붙잡으려 했던 세상의 '성급한 위로'는 무엇이었으며, 이제는 하느님의 사랑 안에서 그 불안을 어떻게 희망으로 바꾸고 싶은지 이야기 나누어 봅시다.

3. 모세는 약속의 땅에서 활동할 예언자들에 관해 언급하며 그들의 말을 잘 들으라고 명령합니다. 세례받은 이라는 우리의 신원에는 이 '예언자적' 소명이 깃들어 있습니다. 따라서 모세가 참예언자와 거짓 예언자를 식별하듯이, 세례를 통해 부여받은 우리의 예언직도 올바르게 식별해야 합니다. 내 안의 음성이 하느님에게서 온 것인지 스스로의 독백인지 확인해야 합니다. 주님께서 주신 양심을 따르고, 세례를 통해 이끌어 주신 성령의 도우심을 받아 나 자신의 선택과 세상을 판단해야 합니다. 내가 받은 예언자적 소명은 무엇인가요?

주님, 말씀하십시오. 당신 종이 듣고 있습니다

(제임스 티소)

제8과

신명 19,1-21,14

다양한 상황에 대한 규정 첫 번째:

분쟁과 관련한 규정

성城과 태양, 파울 클레, 1928년, 개인 소장.
일반적으로 성城은 안전성과 보호를, 태양은 생명력과 에너지를 상징한다.

● 말씀: 신명기 19장 10절

19 **10**"그리하여 주 너희 하느님께서 너희에게 상속 재산으로 주시는
너희 땅에서 무죄한 이의 피가 흐르는 일이 없게 해야 한다. 그렇지 않으면
그 피에 대한 책임이 너희에게 있다."

함께 읽을 성경: 신명기 19장 1-9.11-21절; 20장; 21장 1-14절

이끎말

모세는 다양한 분쟁 상황에 대한 규정을 나열합니다. 곧 정복한 민족들과의 공존, 법정 분쟁, 적과의 전쟁과 포로, 살인에 대한 처리에 관한 규정들입니다. 개인적인 다툼부터 공동체의 전쟁까지 다루는 이 부분은 '분쟁'이라는 주제로 묶어 살펴볼 수 있습니다. 다른 규범과 마찬가지로 이 규정들의 핵심에는 '공정'과 '정의'가 깃들어 있습니다. 사람과 그들이 이룬 공동체에 대한 관심이 이 모든 규정의 배경에 있습니다.

개인적 다툼에 대한 규정(신명 19,1-21)

모세는 실수로 일어난 살인과 사적 보복에 대해 세부적으로 규정합니다. 그 핵심에는 범행자 보호와 일어난 살인에 대한 사적 보복 금지 내용이 있습니다. 이는 신명기 4장 41-43절에서 이미 제시된 규정을 더 자세하게 해석한 것으로 보이며, 범행 동기 없이 실수로 일어난 살인의 처리 방법에 대한 것들입니다. 신명기 19장 4-5절은 범행 동기를 구체적으로 서술하는데 감정적 원인이 없는 살인과 실수로 인한 살인을 각각 나열한 것으로 볼 수 있습니다. 하지만 4절은 범행의 동기가 없음을 드러내는 것이고, 5절은 고의가 아닌 단순 사고를 가리키는 것으로 판단됩니다. 따라서 이 규정은 범행 동기 없이 우발적 실수로 일어난 살인을 대상으로 삼는 것으로 판단됩니다. 곧 감정적 반감이 없는 경우와 숲에서 나무를 베다 일어난 살인만을 규정하는 것은 아닙니다. 숲이 아니라 어느 장소에서든 실수로 사고가 일어날 수 있고 미움 없이 살인이 벌어지는 경우도 많기 때문입니다.

그런데 성읍 셋을 따로 떼어 놓으라는 명령(신명 19,1-2 참조)은 다소 과도해 보입니다. 또한 실수로 일어난 살인일지라도 피해자 가족에 대한 보상이 제시되지 않습니다. 사실 규정의 목적은 **'공동체성'**의 유지입니다. 규정은 개인 간의 감정적 충돌과 사적인 보복이 만연할 때 사회가 그 근간부터 망가진다는 사실을 전제합니다. 규정의 우선적인 관심사가 공동체성 확보이기에 범행 동기를 밝히는 과정이나 배상과 관련한 이야기는 생략합니다. 사실 따로 구분된 성읍은 오늘날의 기준으로 볼 때 **범죄자 교화 시설**에 해당한다고 볼 수 있습니다. 신명기 19장의 부족한 처리 과정은 민수기 35장 9-34절에서 보충됩니다. 이 구절들은 과실로 살인을 저지른 이가 재판을 받아야 할 경우와 그렇지 않은 경우를 구분하여 구체적으로 나열합니다. 또한 살인자가 도피 성읍을 벗어났을 경우의 보복에 대해서도 알려 줍니다.

그러므로 과실 치사를 규정하는 신명기의 이 부분은 공동체 질서 유지에 집중하고 있음을 알 수 있습니다. 신명기 19장 3절에서 **'길을 지정하여'**라는 표현은 이 법령의 성격을 드러냅니다. 19장 6절에서 길을 지정한 이유가 설명되는데, 도피 성읍으로 가는 길이 멀어 그곳까지 가는 도중에 일어날 수 있는 피해자 측의 보복을 막기 위함입니다. 이는 사회 구조 역시 규정을 지키는 데에 일조해야 함을 말해 줍니다. 법령은 어느 쪽에서든 **감정적 원인이 살인으로 이어지는 것을 경계**합니다. 6절과 11절의 '흥분한 나머지'와 '미워하여'라는 표현이 이를 뒷받침합니다.

그런데 개인 감정을 타인이 밝혀 내기는 어렵습니다. 그것을 증명하기도 반박하기도 쉽지 않습니다. 물론 고대에 마련된 이 규정이 현대 법령의 세세한 요소들을 만족시킬 수는 없습니다. 다만 신명기의 이 규정은 인간을 보다 **종합적으로 이해**했음을 보여 줍니다. **감정적 동요로 실수를 저지르고 후회하며 살아가는 인간을 전제**하여 마련된 규정인 것입니다.

민족적 분쟁에 대한 규정(신명 20장)

신명기 20장에서 모세는 전쟁 상황에 대해 이야기합니다. 정확히는 어떻게 승리해야 하는지를 말하는 것이 아니라, **참혹한 전쟁에서도 지켜야 할 원칙**을 말합니다. 빠른 승리를 얻기 위해 어떻게 움직여야 하는지, 전쟁에서 승리한 뒤에 어떤 과정으로 전리품을 분배할지는 말하지 않습니다. 규정은 전쟁이라는 극한의 분쟁 상황에서도 하느님과 이스라엘의 관계에 집중합니다. 신명기 20장은 다음과 같이 나누어 볼 수 있습니다.

장절	내용
20장 1-4절	개관적 원칙
20장 5-9절	군 복무의 예외적 상황
20장 10-18절	전쟁의 과정
20장 19-20절	전쟁의 예외적 상황

구분된 본문에서 눈에 띄는 두 부분은 예외 상황에 대한 규정들입니다. 공동체의 모든 역량을 집중해야 할 때에도 예외는 있고 힘으로 함락시켜야 할 적군의 성읍에도 예외가 있습니다. 이 예외를 정하는 원칙에는 '삶'이 있습니다. 새 집, 수확, 혼인과 관련되거나 충분한 동기가 없는 이들을 전쟁에서 제외합니다. 한마디로 계속되는 삶이 **예외의 원칙**입니다.

이 규정 자체는 모순적입니다. 삶과 죽음을 다투는 전쟁에서 삶을 지속하라고 하니 모순됩니다. 또한 8절은 '겁이 많은' 것을 전쟁에서 빠질 수 있는 예외로 둡니다. 실제 전쟁 상황에서 겁 없이 나설 수 있는 사람은 많지 않을 것입니다. 살고 싶어서 전쟁에 나가기 싫어하는 이들을 모두 예외로 하면, 전쟁에서 이길 수가 없습니다. 집을 지어서, 혼인을 해서, 수확을 해야 해서 전쟁에 나가지 못하는 이들도 마찬가지입니다.

따라서 신명기 20장 10-18절에서 "모두 칼로 쳐죽여야 한다."고 하지만, 사실 이 규정은 전쟁의 참혹함에 반대하는 것으로 보입니다. 삶과 죽음이 오가는 절체절명의 상황에서도 계속되는 일상을 놓치지 말라고 하기 때문입니다. 그래서 전쟁이 본격적으로 개시되기 전에 먼저 화친을 제안하라고 합니다(신명 20,10 참조).

전쟁의 효과적인 수행을 막는 이 규정이 가능한 이유는 하느님 때문입니다. 적은 숫자에도 준비되지 않은 상황에서도 승리하도록 이끄시는 분께서 이스라엘과 함께 계시기에 그들은 두려워하지 않습니다(신명 20,3-4 참조). 이 **하느님께서는 전쟁이 치러지는 와중에도 생명을 보존하라고 하시는 분**입니니

열두 달의 노동, 피에트로 크레센치의 달력, 1470년경, 콩데 미술관, 샹티이, 프랑스.

다. 없애야 할 적의 성읍 근처에서도 열매 맺는 나무는 남겨 두어 전쟁이 끝난 뒤에 그들이 삶을 지속하게 하시는 분이십니다(신명 20,19 참조). 요컨대 죽음을 다루는 이 전쟁 규정의 핵심에는 지속되어야 할 삶이 있습니다.

분쟁의 결과에 대한 처리(신명 21,1-14)

모세는 신명기 21장 1-9절에서 의문사한 이들에 대한 규정을 정해 줍니다. 시신과 가장 가까운 성읍에서 암송아지를 시냇가로 끌고 가 희생시키라고 합니다. 이 규정은 오래된 전승을 담고 있는 것으로 보입니다. 무고하게 흘린 피에 대한 책임을 씻는 주술적인 의미를 담고 있다고 볼 수 있습니다.

그러나 이러한 맥락만 있는 것은 아닙니다. 시신이 놓여 있던 곳에서 가장 가까운 성읍이 희생 제물로 암송아지를 바치게 한다는 것은 다른 규정과 마찬가지로 '공동체적 가치'를 강조하기 위한 것으로 볼 수 있습니다. 이는 '당신들의 책임인지는 모르겠소. 하지만 당신들이 사는 곳 가까이에서 누군가가 살해당했소. 직접적인 책임은 없더라도 무고한 죽음에 대해 당신들도 함께 책임을 져야 하오.'라고 말하는 것 같습니다. 이 규정은 그 누구도 공동체의 관심에서 멀어져 부당한 폭력으로 죽음을 맞이해서는 안 된다고 설득하는 것으로 보입니다.

두 번째 부분인 신명기 21장 10-14절은 20장 1-20절의 전쟁 규정과 이어지는 내용으로 보입니다. 따라서 21장 1-9절은 오랜 전승을 담고 있으며, '분쟁'이라는 주제의 공통성 때문에 현재 위치에 편집되었을 것으로 추정할 수 있습니다. 한편 신명기 21장 10-14절의 규정을 십계명 중 "간음해서는 안 된다."는 계명과 관련하여 해석할 수도 있습니다(신명 5,18 참조).

그런데 규정은 전쟁 포로라 할지라도 '계속되어야 할 인간의 삶'이라는 원칙을 여전히 적용합니다. 전리품이 아니라 몸을 씻기고 옷을 갈아입혀 '아내'로 맞아들이라고 하기 때문입니다(신명 21,13 참조). 설혹 자신과 맞지 않아

내보낼 때에도 '노예'처럼 함부로 다루어서는 안 된다고 합니다. 아내로 삼지 않고 희롱한 이스라엘의 선택이 그를 '욕되게' 한 것이라 규정합니다(신명 21,14 참조). 다시 말해 **전쟁의 결과로 자신의 잘못 없이 삶의 위기에 내몰린 이를 살 수 있게 하라**고 이야기하는 것입니다.

● 묵상

1. 분쟁과 관련한 신명기의 규정은 '삶'이라는 원칙을 지닙니다. 이 삶은 죽음을 불러오는 전쟁에서도 굳건히 지켜져야 할 원리입니다. 사실 본문의 언어는 너무나 냉혹합니다. 삶과 죽음이 오가는 전쟁에 대한 냉혹한 언어를 그대로 보여 줍니다. "숨쉬는 것은 하나도 살려 두어서는 안 된다."(신명 20,16)라는 명령은 우리가 알고 있는 사랑의 하느님의 모습을 보여 주지 않습니다. 이 명령은 모든 전쟁이 담고 있는 '비인간성'을 보여 줍니다. 이스라엘도 다른 민족 가운데에서 살아남아야 하는 이들이었습니다. 생사를 다투는 모든 전쟁이 그러하듯 이스라엘도 하느님의 이름으로 살아남아야 할 이유와 상대를 죽여야 할 당위를 찾은 것입니다. 하느님께서 이에 대해 동의하실지 우리는 알 수 없습니다. 이미 확인한 바와 같이 전쟁에 대한 신명기의 규정은 그 참혹함 속에서도 '삶'에 집중합니다. 빠르고 쉽게 이기려는 현대의 잔혹한 전쟁보다 더욱 인간적입니다. 버튼만 누르

면 누군가를 절멸시킬 수 있는 지금의 전쟁과는 다릅니다. 차라리 "모두 죽여라."는 성경의 언어는 '죽여라. 그리고 그 죽음에 책임을 져라.'는 의미로 들립니다. 누군가가 누군가를 빨리 혹은 서서히 죽이는 세상의 모든 전쟁에 대해 우리의 믿음은 무엇이라 말합니까?

2. 이유를 알 수 없이 살해당한 이에 대한 책임을 다루는 신명기 21장 1-9절은 공동체의 책임을 보여 줍니다. 오래되어 보이는 이 규정은 다소 주술적으로 보이기도 합니다. 더 나아가 가까운 곳에 있다는 이유만으로 낯모르는 이의 죽음에 경제적 손해까지 감수해야 한다는 것이 비합리적으로 느껴질 수 있습니다. 하지만 이와 비교하여 같은 도시에 사는 많은 이들이 거리에서 모두의 무관심 속에서 서서히 삶을 잃어 가는 지금이 과연 더 계몽된 시대인지는 잘 모르겠습니다. 신명기의 규정은 '모두가 모두에게 책임이 있다.'라는 지극히 인간적인 원칙을 담고 있습니다. 이는 발로 땅을 딛고 서서 다른 이와 교류하며 살아가는 인간의 기본적인 존재 양식을 전제합니다. 그가 너의 가까이에서 죽었으니, 너의 양심이 외치듯 너 또한 그의 죽음에 책임이 있다는 것입니다. '피에 대한 책임'은 신명기의 규정이 드러내듯, 공동체가 함께 애도하고 슬퍼하며 각자 손해를 감수하는 데서 출발합니다. 누군가가 내 옆에서 생사를 달리해도 경제적 손익을 계산하는 오늘날, 우리가 정녕 놓쳐 버린 것은 인간다움입니다. 내가 직접 알지 못하는 이들의 죽음을 뉴스에서 볼 때, 나는 어느 정도의 책임감

을 느끼나요?

3. 누군가가 삶을 위해 자신의 절실한 것을 내놓을 때, 인간 사회와 개인은 그를 업신여기기 쉽습니다. 보기 힘든 그의 밑바닥이 드러났으니 그만큼 그를 가볍게 여깁니다. 이런 성급한 비웃음은 그가 왜 그런 선택을 할 수 밖에 없었는지 그 과정을 묻지 않습니다. 그저 그의 치부와 같은 절실함을 가볍게 여기고 무시할 뿐입니다. 그의 드러난 약함이 나를 해칠 가능성은 없기 때문입니다. 성찰도 공감도 없는 이 업신여김은 점점 그 대상을 넓혀 갑니다. 그 비웃음의 영역은 누군가의 직장으로, 재산으로, 몸으로, 그리고 마침내 삶 자체로 넓어집니다. 절실하게 드러낸 그의 소중한 것은 그렇게 아무것도 아닌 것이 됩니다. 신명기 21장 10-14절의 전쟁 포로에 대한 규정은 삶에서 내동댕이쳐진 이를 소중하게 다루라는 명령입니다. "함부로 다루어서는 안 된다."는 명령은 모두의 삶이 소중하다는 원칙을 알려 줍니다. 설혹 그가 내 앞에서 관심이나 재화를 구걸하거나 엎드려 약간의 삶만을 갈구할지라도 그의 삶은 나의 생명과 똑같이 소중하다는 것을 일깨웁니다. 그 사람은 내가 모르는 고통을 끝까지 견디며 살아 내고 있다는 당연한 사실을 이야기합니다. 하느님께서는 내가 모르는 그의 모든 것을 알고 계신다는 우리의 믿음이 이 비웃음을 물리칩니다. 내 앞에 엎드린 누군가의 앞에서 나는 무엇을 느낍니까?

정의로운 자의 분노(제임스 티소)

제9과

신명 21,15-26,16

다양한 상황에 대한 규정 두 번째:

가족과 공동체

벽돌을 만드는 외국인 포로들(레크미레 무덤 벽화 모사화), 찰스 K. 윌킨슨, 1930년, 메트로폴리탄 미술관, 뉴욕, 미국. 이집트 테베(현재 룩소르)에 있는 레크미레 무덤(기원전 1450-1425년경) 벽화를 정밀하게 복제한 그림. 강제 노역에 동원된 외국인 포로들의 모습을 담은 이 모사화는 원본의 훼손에 대비해 그 모습을 보존하고 연구 및 전시 자료로 활용하기 위해 제작된 학술 사료이다.

● 말씀: 신명기 24장 17-18절

24 **17**"너희는 이방인과 고아의 권리를 왜곡해서는 안 되고, 과부의 옷
을 담보로 잡아서도 안 된다. **18**너희는 너희가 이집트에서 종이었고, 주 너희
하느님께서 너희를 거기에서 구해 내신 것을 기억해야 한다. 그 때문에 내가
너희에게 이것을 실천하라고 명령하는 것이다."

함께 읽을 성경: 신명기 21장 15-23절; 22-23장; 24장 1-16.19-22절; 25장; 26장 1-16절

이끎말

이 과는 신명기 19장에서 시작된 다양한 상황에 대한 규정들 가운데 그 두 번째 부분을 다룹니다. 그리고 신명기 26장 16절은 앞서 나온 모든 규정이 하느님의 명령임을 확인하며 이 부분을 마무리합니다. 이는 신명기 12장 1절의 말씀과 호응하는데, 마치 앞문과 뒷문처럼 그 사이에 포함된 규정과 법규들이 하느님에게서 왔음을 선언합니다.

한편 이 부분의 본문은 말 그대로 구체적이고 세세한 상황을 다룹니다. 모세는 통일된 주제로 묶기 어려운 상황들을 나열하고 그에 대한 규정을 제시합니다. 나열된 규정들에서 숨겨진 주제를 추정할 수도 있는데, 바로 '가족'과 '공동체'입니다. 본문의 주제는 크게 두 가지로 구분할 수 있습니다. 첫째는 가족의 구성과 그 구성원의 권리와 의무(참조: 신명 21,15-21; 22,13-29; 23,1; 24,1-5; 25,5-10)이며, 둘째는 이스라엘 공동체에 속하는 방법과 그 공동체 구성원의 권리와 의무(참조: 신명 23,2-21.25-26; 24,6-22; 25,1-4; 25,11-19; 26,1-15)입니다. 물론 이 두 주제로도 다 설명되지 않는 규정들이 있습니다(신명 22,1-12 참조). 각 규정은 통일된 체계 없이 산발적으로 제시됩니다. 게다가 오늘날의 시각으로는 이해하기 어려운 고대의 문화를 담은 규정들도 눈에 띕니다.

신명기 편집자는 마치 자유 토론을 하듯 앞선 규정의 주제어와 관련된 다음 규정을 꼬리를 물고 이어 가듯 소개합니다. 예를 들어 신명기 21장

18-21절에서 불효자를 돌로 쳐 죽이라는 규정을 다룹니다. 바로 이어지는 22-23절에서는 죽을죄를 지은 이에 대한 처리 규정을 제시합니다. 불효자의 경우처럼 사형에 해당하는 다른 죄를 나열하는 것이 아니라, 마치 사형 집행 이후의 시신 처리 방법이 뒤늦게 생각난 듯 다른 주제의 규정을 언급하는 식입니다. 또한 앞선 과에서 보았듯이 전쟁 포로로 잡혀 온 여성에 관한 규정(신명 21,10-14)은 '올바른 혼인'이라는 더 큰 주제로 엮어 22장 13-29절과 25장 5-10절에서 다시 언급합니다.

이렇게 일관성 없이 다소 산만해 보이는 구성은 여러 시대에 걸쳐 각기 다른 편집자들이 참여한 결과라고 생각할 수 있습니다. 하지만 공동체가 마주하게 될 모든 상황에서 하느님과의 계약을 살아 내려고 애썼던 이스라엘의 신앙적 열망을 엿볼 수도 있습니다. 비록 고대 사회의 한계를 담고 있는 규정일 수 있지만, 우리는 율법의 핵심에 깃들어 있는 정신을 마주하기 위해 마음을 열고 다가가야 할 것입니다. 이 중에서 두 가지 규정을 살펴보겠습니다.

간음에 대한 규정(신명 22,13-29)

이 본문은 크게 두 부분으로 나눌 수 있습니다. 신명기 22장 13-21절에서는 새 신부의 간음을, 22-29절에서는 음행과 불륜을 다룹니다. 이 규정들은 고대의 남성 중심 문화를 그대로 반영합니다. 여성은 규정의 주체가 아니라 남편의 소유물처럼 다뤄집니다. 이러한 맥락에서 규정이 다루는 혼인은 신부의 처녀성을 계약의 핵심으로 삼습니다. 이는 "남자는 아버지와 어머니를 떠나 아내와 결합하여 둘이 한 몸이 된다."(창세 2,24)라는 아름다운 혼인 이상을 마치 물건을 사고파는 계약처럼 보이게 합니다. 불륜에 대한 규정도 마찬가지입니다. 남성의 입장에서 불륜 행위의 처리 방법을 제시합니다. 이렇듯 이 규정들은 고대의 혼인 문화와 남성 중심적인 사고를 반영합니다.

그런데 규정을 잘 살펴보면 고대 사회의 한계를 넘어서는 원칙이 있습니다. 핵심은 약자인 여성을 보호하는 데에 있습니다. 성경은 남성만이 사회적 주체로 인정받던 고대 사회의 한계를 보이면서도, 여성을 보호하고자 세부 규정을 마련한 것입니다. 남성이 마음대로 아내를 버릴 수 없다고 하며 터무니없는 비방으로 혼인 관계를 파기할 수 없다고 합니다. 남성의 관점에서 불륜을 다루지만, 그 책임은 남성과 여성 모두에게, 경우에 따라 남성에게 더 무겁게 묻습니다(신명 22,22-25 참조). 또한 남성이 저지른 일에 대해서는 반드시 책임을 지라고 명령합니다(신명 22,28-29 참조).

이 규정의 바탕에 여성을 보호하려는 원칙이 있다는 사실은 간음하다 잡힌 여인의 이야기(요한 7,53-8,11 참조)에 비추어 볼 때 더욱 명확해집니다. 불륜은 두 사람이 함께 저지르는 죄이지만, 예수님 앞의 군중은 오직 여성만을 끌고 와서 단죄하려 합니다. 그러나 신명기 22장 13-29절은 비록 남성의 관점에서 서술되었을지언정 그 책임을 남녀 모두에게 묻습니다. 신명기는 여성을 오늘날과 같은 동등한 주체로 다루지는 않지만, 남성의 권력이 여성을 함부로 억압하지 못하도록 규제합니다. 이는 시대적 한계를 지니면서도 시대를 넘어서는 인간 존중의 정신을 드러냅니다.

간음한 여인과 그리스도, 도메니코 모렐리, 1869년, 프라도 미술관, 마드리드, 스페인.
예수님 발치에 웅크린 채 얼굴을 가린 여인은 수치와 두려움에 떨고 있다. 밝은 옷은 주변 어둠과 대조를 이루며 여인이 처한 위기를 드러낸다. 화면 우측 어둠 속 남성들은 예수님 말씀에 양심의 가책을 느끼고 하나둘 자리를 뜨는 모습이다. 어두운 색조는 그들의 완고함과 내면의 어둠을 상징한다. 예수님 발밑 돌바닥에 희미하게 보이는 히브리어 글귀는 예수님께서 땅에 쓰신 내용을 시각화한 것으로, 침묵 속 가르침을 의미한다.

가난한 이들에 대한 보호 규정(신명 24,17-22)

신명기 24장 17-22절은 다음과 같이 '주님의 축복'을 중심으로 **동심원**을 이루듯 구성되어 있습니다.

17절: 규정의 제목

18ㄱ절: 근거1 – 기억

18ㄴ절: 근거2 – 주님의 구원

18ㄷ절: 세부 규정 도입(주님의 명령)3

19ㄱ절: 첫 번째 규정(밀을 수확할 때)

19ㄴ절: 선언적 결어

19ㄷ절: 근거2′ – **주님의 축복**

20ㄱ절: 두 번째 규정(올리브를 수확할 때)

20ㄴ절: 선언

21ㄱ절: 세 번째 규정(포도를 수확할 때)

21ㄴ절: 선언

22ㄱ절: 근거1′ – 기억

22ㄴ절: 세부 규정 마무리(주님의 명령)3′

이 규정을 깊이 이해하기 위해 먼저 이방인 · 고아 · 과부에 대한 성경의 어휘를 알아야 합니다. 성경에서 이방인을 뜻하는 '게르גר'는 어떤 이유로든 고향을 떠나 낯선 땅에서 소수자로 살아가는 이들을 가리킵니다. 이들은 그 사회의 주류 구성원들과 혈연 · 문화 · 종교적으로 구별되는 소수자들입니다. 그런데 이스라엘 백성에게 이 '소수자'라는 정체성은 바로 자기 자신의 정체성이기도 합니다. 창세기 15장 13절이 보여 주듯, 이스라엘 백성 스스로가 주님의 계획에 따라 이집트에서 '게르', 곧 이방인으로 머물렀기 때문입니다. 이 정체성은 이스라엘 백성이 공동체 속 이방인을 이해하는 중요한 바탕이 됩니다.

고아를 뜻하는 히브리어 '야톰יתום'과 과부를 뜻하는 히브리어 '알마나אלמנה'는 모두 고대 사회가 남성 중심으로 구성되었음을 전제로 하는 어휘입니다. 즉 아버지를 중심으로 혈연 공동체가 유지되던 사회를 배경으로 합니다. 성경에서 말하는 고아는 오늘날처럼 부모가 모두 없는 아이라는 뜻만을 지닌 것은 아닙니다. 그보다는 아버지가 없어 부계 사회의 보호를 받지 못하는 아이를 뜻합니다. 마찬가지로 '과부' 역시 남편과 사별하여 사회적 · 경제적 기반을 상실한 이를 뜻합니다. 그래서 자녀와 남겨진 어머니를 함께 '야톰'과 '알마나'라고 불렀습니다. 따라서 고아는 '아버지의 부재로 인해 현실적인 보호 장치를 모두 잃어버린 아이'로, 과부는 '남편을 잃음으로써 사회적 · 경제적 기반을 송두리째 상실한 여성'으로 이해해야 합니다. 이처럼 신명기는 **이방인 · 고아 · 과부를 사회적 안전망을 잃어버려 특별한 보호가 필요한 이들**로 봅니다.

이들을 보호하라는 규정에서 가장 주목해야 할 단어는 바로 '기억'입니다. 신명기 24장 18절은 '이집트 땅에서 종살이'했던 것을 '기억'하라고 말합니다. 신명기에서 이 '기억'은 반복적으로 등장하는 핵심 주제입니다. 신명기 24장은 이 '기억'을 근거로 이방인과 고아와 과부를 위해 수확물을 남겨 두라고 명령합니다. 앞서 본 신명기 15장 15절은 종을 해방시켜 주어야 하는 근거로 이 기억을 제시하며(신명 15,12 참조), 16장 12절에서는 주간절 축제를 지낼 때 공동체의 모든 이와 함께 기뻐해야 하는 이유(신명 16,11 참조)로 이 기억을 상기시킵니다.

그러면 이 기억은 구체적으로 어떤 것일까요? 그것은 단순히 '해방의 기억'이 아니라 **'억압의 기억'**입니다. 이스라엘 백성이 겪었던 바로 그 고통의 체험이, 사회적 약자인 이방인과 고아와 과부의 아픔에 공명하게 하고 그들을 보호하는 원칙이 된 것입니다. 그래서 신명기 24장 17-22절의 규정은 매우 구체적입니다. 수확할 때 한 번 지나간 과일나무 가지에는 다시 손을 대지 말고(신명 24,20-21 참조), 밭에 깜빡 잊고 두고 온 곡식단은 다시 가지러 가지 말라고 말합니다. 애써서 기른 것을 잘 수확해 최대의 효율을 내야 하는 지극히 현실적인 상황 속에서도, 공감과 연민의 마음을 잃지 말라고 가르칩니다. 남의 눈을 피해 떨어진 이삭을 줍는 그들의 마음을 헤아리고, 가장 효율적으로 일해야 할 바쁜 시기에도 그 연민의 끈을 놓지 말라고 당부합니다. **과거에 고통받았던 자신들처럼 지금 고통받는 이들과 굳건히 연대**하라는 것입니다.

● 묵상

1. 신명기 22장의 혼인 규정은 오늘날 우리에게도 많은 것을 알려 줍니다. 혼인의 핵심이 '진실함'이라고 가르쳐 주며 서로에게 유일한 '너'가 되라고 이끕니다. 사실 혼인이 만들어 낸 나와 너의 독점적인 관계에는 그 어떤 것도 끼어들 수 없습니다. 우리가 말하는 사랑이 항구함과 특별함에 기대어 있기 때문입니다. 사랑은 조건을 달지 않습니다. '네가 건강할 때까지만 너를 사랑할게.'라고 약속하는 관계를 우리는 사랑이라 부르지 않습니다. 그것은 사랑이 아니라 '계약'입니다. 물론 사랑에도 계약의 요소는 있습니다. 서로에게 충실할 계약이 그 안에 담겨 있습니다. 하지만 사랑의 모든 것이 계약이기만 한 것은 아닙니다. 사랑은 계약을 넘어서며 영원함과 유일함을 지향하기 때문입니다. 사랑은 그래야만 합니다. 죽음도 이기지 못하는 사랑이어야 사랑일 수 있습니다. 그가 죽음의 강을 건너 내 눈앞에 없을지라도 사랑은 이마저도 넘어서서 희망합니다. 그래서 우리는 하느님을 사랑이라고 부를 수 있습니다. 우리가 하는 모든 사랑에는 이 속성이 깃들어 있습니다. 그래야 우리는 제대로 사랑할 수 있습니다. 내가 하는 사랑은 어떠합니까?

2. 우리는 신명기의 규정들이 쓰인 고대 사회보다 발전된 문화 속에서 살아갑니다. 현대의 우리는 합리적이고 효율적으로 행동하려 합니다. 그래

서 신명기 24장에서 이야기하는 이방인과 고아와 과부에 대한 규정을 미숙하다고 여깁니다. 가난이라는 구조적 문제를 개인의 연민에만 의존하는 것처럼 보이기 때문입니다. 사회가 구조적으로 해결해야 할 것을 너무 단순하게 보는 듯합니다. 하지만 종합적으로 문제를 해결하려는 합리적인 생각도 가난을 해결하지는 못합니다. 그래서 우리는 사회의 불공정함과 불균형을 '나라님도 해결하지 못하는 일'이라고 포기합니다. 인류 역사 속에서 가난한 사람은 늘 있어 왔고, 모두의 가난이 해결된 이상 사회는 꿈에서도 불가능한 일이라 합니다. 그런데 성경은 이러한 이상 사회를 꿈꿉니다. 사도행전 4장 34절은 이렇게 말합니다. "그들 가운데에는 궁핍한 사람이 하나도 없었다." 그래서 신명기 24장의 이방인과 고아, 과부에 대한 보호 규정은 이상적이지만 믿음의 귀로 들어야 할 이야기입니다. 언젠가 완성될 하느님 나라를 지향하는 노력이어야 합니다. 이미 온 하느님 나라를 살아 내는 믿음의 태도입니다. 효율성을 넘어 모두가 모두에게 연민으로 연대하자는 응원입니다. 곧 도래할 이상 사회, 하느님 나라를 포기하지 말라는 독려입니다. 그래서 신앙인들은 하느님 나라를 이 세상에서 완성하기를 바라는 이상주의자들입니다. 효율성이라는 핑계로 무심코 지나쳤던 내 주변의 '고아와 과부'(소외된 이웃)는 누구이며, 내가 오늘 그들에게 건넬 수 있는 따뜻한 눈길과 구체적인 나눔은 무엇입니까?

이삭 줍는 룻(부분, 제임스 티소)

제10과

신명 26,17-28,69

축복과 저주

이 율법의 말씀들을 실천하지 않는 자는 저주를 받는다(신명 27, 26, 부분), 작자 미상, 1579년경, 슈트레하우 성 천장 프레스코화, 라싱, 오스트리아. 사진: Wolfgang Sauber(위키미디어, CC BY-SA 3.0)

중앙에 붉은 옷을 입고 서 있는 인물은 모세이다. 그는 신명기 27장 26절의 내용이 라틴어로 적힌 돌판을 들고 있다. 오른쪽에 활을 든 해골은 '죽음'을 상징한다. 왼쪽에 화살을 맞고 쓰러진 사람은 '죄인'을 나타낸다.

● 말씀: 신명기 28장 1-2절

28 **1**"너희가 주 너희 하느님의 말씀을 잘 듣고, 내가 오늘 너희에게
명령하는 그분의 모든 계명을 명심하여 실천하면, 주 너희 하느님께서 땅의
모든 민족들 위에 너희를 높이 세우실 것이다. **2**너희가 주 너희 하느님의 말
씀을 잘 들으면, 이 모든 복이 내려 너희 위에 머무를 것이다."

함께 읽을 성경: 신명기 26장 17-19절; 27장; 28장 3-69절

이끎말

세부적인 규정과 법규들에 이어 모세는 그 규정을 지켰을 때와 어겼을 때에 마주하게 될 각각의 상황을 제시합니다. '축복'과 '저주'라는 단순해 보이는 두 갈래 길에는 사실 세상을 바라보는 근원적인 희망이 담겨 있습니다. 주님의 말씀을 따라 살면 축복을 받고, 그렇지 않으면 실패할 것이라는 '인과응보', '상선벌악'과 같은 명확하고 단순한 개념은 그 근저에 희망을 담고 있습니다. 선함과 정의가 승리할 것이라는 강렬한 바람이 있습니다.

물론 우리가 사는 세상이 그렇듯이 이스라엘 백성이 마주한 현실도 이렇게 단순하지는 않았습니다. 원인을 알 수 없고 이해하지 못할 흥망성쇠는 개인의 역사 속에서 또 인류의 시간 속에서도 계속하여 반복됩니다. 따라서 '축복과 저주'를 전하는 이 본문은, 이스라엘 백성이 자신들의 역사에 대해 내리는 반성적인 성찰로 볼 수 있습니다. 약속받은 땅과 왕조 그리고 성전이 사라졌을 때 그 이유를 찾기 위해 뼈아프게 질문하고 되돌아본 흔적이 본문 곳곳에 배어 있는 것입니다.

이음말(신명 26,17-19)

신명기 26장 17-19절의 말씀은 앞서 나열된 규정들을 마무리하고 이어지는 축복과 저주의 말씀을 이끄는 역할을 합니다. 17절의 '오늘'이라는 시간이 눈에 띕니다. 지금처럼 인쇄술이 발달하지 않았고 문장 부호도 없던 고대 문서에서는 이와 같은 '공간'과 '시간' 표현에 주목해야 합니다. 새로운 내용이 시작되거나 이전의 내용을 매듭짓는 기능을 하기 때문입니다.

신명기 26장 17-18절에서 주요한 개념은 바로 '소유'입니다. 주님과 이스라엘 백성은 규정과 법규의 실천으로 서로에게 속하게 된다고 합니다. 그런데 고대 히브리어에는 소유를 의미하는 어법이 없습니다. 사실 오래된 우리말도 그렇습니다. '내 것이야.'라는 말보다 '나에게 있어.'라는 말이 우리말 어법에는 더 자연스럽습니다. 히브리어도 이와 비슷하게 소유를 '있다(היה 하야)'라는 '존재'의 개념으로 드러냅니다. 따라서 "너희의 하느님이 되시고"라는 문장을 직역하면 '너에게 하느님으로서 계실 것'이 됩니다.

주님께서 이스라엘 백성에게 하느님으로서 계신다는 것을 염두에 두고 그 다음 문장, '그분의 길을 따라 걸으며'를 보면 그 숨은 의미를 깨달을 수 있습니다. 본문은 친구나 동반자처럼 함께 머무시는 하느님의 모습을 전제합니다. 임금이 백성을 자신의 권력 아래 두고 재화처럼 소유하는 것이 아니라, 같은 목적지를 향해 함께 걸어가는 친구로서의 하느님을 말하는 것입니다. 하느님과 함께 머무는 방법, 곧 그분의 말씀에 귀 기울이고 대화하는 방법이 바로 계명과 규정을 지키는 것이라고 합니다. '동반'의 개념이 축복과 저주 본문 앞에 놓인 것은 우리가 아는 축복과 저주에 대한 개념을 정화해 주기 위함입니다. 즉 축복과 저주를 단순한 상벌 개념으로 보지 않도록 미리 방향을 제시하는 것입니다.

율법의 기록(신명 27,1-10)

신명기 27-28장은 축복과 저주를 전합니다. 신명기 11장 26-30절에서 간단하게 보았던 예식의 내용을 상세하게 나열합니다. 같은 산맥의 두 봉우리(그리짐산과 에발산)에서 이스라엘 지파들이 거행할 전례 예식을 미리 모세의 입에 담아 놓은 것입니다. 신명기 27장 1-10절은 이 예식의 핵심적인 행위를 규정합니다. 율법을 기록한 큰 돌들을 세우는데 그 돌들 위에 석회를 바르라고 반복해서 명령합니다. 큰 돌 위에 석회를 바르라는 것은 시각적인 보완을 위해서였습니다. 하얀 석회 위에 율법을 기록하면 모든 글자가 두드러져 선명하게 잘 보이게 될 것이기 때문입니다. 돌을 파내 율법을 새기는 것이 아니라 하얀 바탕 위에 쓰라는 계명은 앞서 본 신명기 12-26장의 세세한 모든 규정일 것입니다.

그런데 한 가지 의아한 점은 이 율법이 기록된 돌을 세울 장소가 **'에발산'**이라는 사실입니다. 신명기 27장 13절에 따르면, 에발산은 '저주하기 위하여' 특정 지파가 서야 할 곳이기 때문입니다. 율법이 적힌 돌들이 축복을 받을 그리짐산이 아니라, 저주가 선포되는 에발산에 세워진다는 것은 이 축복과 저주가 우리가 아는 상벌 개념이 아니라는 것을 알려 줍니다. 사람이 물을 마시면 살고 마시지 않으면 죽듯이 **축복과 저주도 '생명'이라는 동전의 양면**과 같습니다. 같은 산줄기 위에 놓인 축복과 저주는 모두 하느님과 함께 살아가는 삶을 지향합니다.

스켐(나블루스) 근처의 에발산. 사진: Someone35(위키미디어, CC BY-SA 3.0)

축복과 저주: 저주 선언과 화답(신명 27,11-26)

본문이 제시하는 예식은 매우 공동체적입니다. 마치 오늘날의 미사 전례처럼 사람들이 편을 나누어 '계응'하도록 유도합니다. 레위인들은 공동체 앞에서 이스라엘이 지켜야 할 금령들을 하나하나 선포하고, 이를 들은 공동체는 "아멘"으로 응답합니다. 선포되는 금령과 화답에는 "온 백성은 '아멘' 하고 말해야 한다."라는 정형화된 문장이 반복해서 사용됩니다.

'아멘'이라는 히브리어 의미와 이를 번역하여 전하는 그리스어 의미가 미묘하게 다릅니다. 히브리어 아멘אמן은 '맞습니다', '확실합니다'라는 동의의 의미가 강한 반면, 그리스어 아멘ἀμήν에는 '(그대로) 될 것입니다'라는 소망의 의미가 더해집니다. 곧 단순한 응답에 확신에 찬 원의가 추가된 것입니다.

이 의미들을 오늘날 우리 전례 예식에서 바치는 '아멘'에서도 찾을 수 있습니다. 우리가 하는 '아멘'에 바로 이 응답(동의)과 확신 그리고 희망이 함께 깃들어 있습니다.

한편 신명기 27장 15-25절의 금령들은 우상 숭배 · 패륜 · 간음 · 살인처럼 공동체의 관계를 파괴하는 행위를 규정합니다. 특히 18절과 19절의 금령이 다른 계명들에 비해 무게감이 달라 보이는데, 그 이유는 '친절함'과 '선의' 또한 의무로 규정하기 때문입니다. 이는 신명기의 규정들이 도움이 필요한 약자들을 위해 희생하는 것을 감정적 위로와 같은 단순한 차원으로 생각하지 않았다는 것을 드러냅니다. 살인이나 도둑질, 불륜과 같은 선상에서 가난한 이들에 대한 선의와 희생을 다룬 것입니다.

축복과 저주: 축복(신명 28,1-14)

신명기 28장 1-14절에서는 계명을 실천하여 받게 될 복이 나열됩니다. "복이 내려 너희 위에 머무를 것이다."(신명 28,2)라는 구절은 축복을 살아 있는 실체로 인정한 것 같습니다. 본문은 축복을 '허락'이나 '능력'으로 묘사하지 않습니다. 마치 빛이나 바람 또는 새가 날아와 옷자락을 건들고 따뜻하게 하는 것처럼, 혹은 그의 귀를 울리고 깨우는 것처럼 묘사합니다. 곧 주님께서 내리시는 복을 물건이나 생명체로 서술합니다. 앞서 본 바와 같이, 하느님께서 이스라엘 백성과 함께 '계(있으)시어' 동반하시는 것이 이렇게 실현됩니다. 누군가의 일손을 도와주고, 그의 곡식 도구를 고쳐 주고, 성문을 들고 날 때

그리짐산에 위치한 키르야트 루자 마을. 사진: Meronim(위키미디어, CC BY-SA 3.0)
축복의 산으로 알려진 그리짐산은 스켐(나블루스) 근처에 있다.

에 동반하는 것처럼 하느님은 그들 곁에 머무시며 그들의 것이 될 것입니다.

따라서 이 축복에서 축복받은 이는 주체가 될 수 없습니다. 축복은 마치 자동판매기처럼 율법에 충실하면 자동으로 주어지는 보상이 아닙니다. 하느님께서 내리시는 복이란, 그들이 생각하고 행동하는 모든 일에 하느님께서 다른 하나의 주체로서 함께 동반하시는 것입니다. 복을 받는 대상이 이 의미를 잘 드러냅니다. 본문은 복을 받아 가축의 새끼들이 늘어날 것이라고 하지 않습니다. 이스라엘이 율법을 지키는 것은, 마치 마르지 않는 샘에서 솟아나는 시원한 물을 마시는 것과 같아서, 그들 자신뿐만 아니라 주변의 모든 것까지 하느님 곁에 머물며 살게 할 것입니다.

축복과 저주: 저주(신명 28,15-69)

신명기 28장 15-69절에서는 앞서 받은 축복에 대응하듯이 같은 대상이 저주를 받을 것이라고 합니다. 성읍 안에서도, 들에서도, 곁에 있는 가축의 새끼들까지도 저주를 받게 될 것이라 전합니다. 소출은 줄고 병은 악화될 것이며 서로가 서로에게 맞서게 될 것이라 합니다. 사실 이러한 저주의 내용은 굳이 저주라는 이름을 붙이지 않아도 우리가 삶에서 마주하는 것들입니다. 질병 · 기근 · 모략 · 전쟁은 인간의 삶에 항상 있습니다. '고통'이라는 이름의 실존적 한계들은 늘 우리 곁에 있습니다. 우리는 모두 언젠가 병들어 죽음을 마주할 것입니다. 그러면 이것들이 하느님의 저주일까요?

신명기 28장 46-47절을 통해 그렇지 않다는 힌트를 얻을 수 있습니다. 축복처럼 **저주도 하느님의 뜻을 드러내는 표지**가 될 것이라 합니다. 축복이 그들 곁에 하나의 실체처럼 머문 것처럼 저주도 그러할 것이라고 합니다(신명 28,45 참조). 그 이유는 바로 그 모든 것을 대하는 그들의 '선택'에서 비롯한 것입니다. 모든 것이 풍부한데도 곁에 계시는 하느님을 따르지 않는 그들의 선택이 그들을 어렵게 만든 것입니다. 같은 상황을 보는 다른 관점과 선택이 축복과 저주로 그들의 상황을 가른 것입니다.

사실 앞서 말했듯이, 신명기 28장 41절은 이 저주의 내용이 **유배라는 아픈 상황에 대한 반성**이라는 것을 드러냅니다. 미래의 일인 것처럼 언급하는 "그들이 포로로 잡혀가서"라는 구절은 그들이 지금 놓인 상황을 드러냅니다. 모든 것이 하느님께서 내리신 저주와 같아 보이는 현실에서 무엇을 믿고 어떤 것을 지향해야 하는지 이스라엘은 스스로에게 아프게 되묻습니다. 그리고 다시 하느님께 되돌아가자는 결론을 내립니다. 그분의 율법에 충실하자고 서로를 독려합니다.

● 묵상

1. '축복과 저주'라는 표상은 우리 신앙에서 중요한 개념입니다. 고통을 피하고자 하고 기쁨을 원하는 우리의 본능에 잘 맞는 생각입니다. 그러나 조금만 더 생각해 보면 이러한 인과응보의 규칙을 삶 속에서 적용하기란 그리 쉽지 않다는 것을 알게 됩니다. 설명할 수 없는 고통 앞에서 우리는 하느님의 뜻을 묻지만 그 답을 듣기 어렵습니다. 그래서 우리는 곧잘 잘못된 결론을 내립니다. 내 고통에 침묵하시는 하느님이라면 계시지 않는다고, 나의 노력을 외면하시는 하느님은 부당하다고 말입니다. 맞습니다. 우리의 고통은 부당합니다. 그리고 우리의 희망은 좌절되어서는 안 됩니다. 그런데 반대로 하느님께서 나의 삶에 적극적으로 개입하시어, 나의 일거수일투족을 판단하시는 경우를 상상해 봅시다. 생각만 해도 숨이 막힙니다. 나의 자유는 이것을 용납할 수 없습니다. 하느님마저도 나의 자유를 침해해서는 안 됩니다. 나는 그분 손안의 장난감이 아닙니다. 바로 이 지점에서 나는 내가 마주한 고통 또한 내 자유의 바탕이라는 것을 눈

치챕니다. 역설적이게도 고통받을수록 자유를 더욱 깨닫게 됩니다. 그리고 내가 누리는 자유가 고통을 뚫고 그것을 허락하신 하느님을 사랑하기를 바랍니다. 그분의 능력에 굴복하는 것이 아니라, 주님의 유일한 상대자로 서 있기를 바랍니다. 내 고통으로 그분 앞의 동반자로, 대화의 상대자로 그리고 사랑을 주고받는 '너'로 있기를 다시 원하게 됩니다. 나에게 축복과 저주는 무엇인가요?

2. 신명기의 편집자들은 이스라엘 공동체가 치른 역사적 아픔을 반성합니다. 다윗 왕조가 서서히 쇠락의 길로 들어서는 것을 보았고 강대국들의 흥망성쇠에 자신들의 운명이 흔들리는 것도 알았습니다. 이와 같은 역사적 상황 앞에서 이스라엘 백성 역시 다른 민족들처럼 강대국의 힘 있는 신들에게 머리를 조아릴 수도 있었습니다. 그러나 신명기의 편집자들은 그 길을 선택하지 않았습니다. 오히려 성조들의 하느님, 해방하시는 하느님에 대해 깊이 '성찰'하기 시작했습니다. 다른 민족들처럼 역사의 뒤안길로 사라져도 이상할 것 없는, 어찌 보면 '힘없는' 자신들의 신을 유일하신 하느님, 해방하시는 하느님으로 제대로 믿기 시작합니다. 성전이라는 공간에 매여 '섬겨야' 하는 분이 아니라, 자신들이 지키는 율법과 계명을 통해 삶 속에서 늘 '동반'하시는 분으로 주님을 체험하기 시작합니다. 내가 믿는 주님은 어떤 분이십니까? 성당 벽에 매달려 계신 분이십니까? 아니면 성당 문을 기꺼이 나오시어 나와 함께 삶을 사는 분이십니까?

헛간 위의 하느님 아버지(한스 토마)

제11과

신명 29-30장

모세의 결론적인 설득

백성에게 십계판을 보여 주는 모세, 라파엘로 산치오와 그의 공방, 1518-1519년, 사도궁, 바티칸. 모세 머리에서 솟은 두 줄기 빛은 하느님을 대면한 뒤 얼굴이 빛났다는 성경 내용을 표현했다. 히브리어 '카란(קרן: '빛나다'와 '뿔'의 이중 의미)'을 성 예로니모가 '코르누타(cornuta, 뿔이 난)'로 번역하면서, 미켈란젤로 조각상을 비롯한 중세와 르네상스 미술에서 모세는 전통적으로 뿔 달린 모습으로 묘사되었다. 이 그림에서 뿔 형상은 황금빛을 띠어 성스러운 빛임을 암시한다.

● 말씀: 신명기 30장 11-14절

30 **11**"내가 오늘 너희에게 명령하는 이 계명은 너희에게 힘든 것도 아
니고 멀리 있는 것도 아니다. **12**그것은 하늘에 있지도 않다. 그러니 '누가 하
늘로 올라가서 그것을 가져다가 우리에게 들려주리오? 그러면 우리가 실천할
터인데.' 하고 말할 필요가 없다. **13**또 그것은 바다 건너편에 있지도 않다. 그
러니 '누가 바다 저쪽으로 건너가서 그것을 가져다가 우리에게 들려주리오?
그러면 우리가 실천할 터인데.' 하고 말할 필요도 없다. **14**사실 그 말씀은 너
희에게 아주 가까이 있다. 너희의 입과 너희의 마음에 있기 때문에, 너희가 그
말씀을 실천할 수 있는 것이다."

함께 읽을 성경: 신명기 29장; 30장 1-10.15-20절

● 이끎말

모세는 이제 마지막 말을 시작합니다. 신명기 31-34장은 신명기 자체의 결론이자 창세기부터 이어진 모세 오경 전체의 모든 일과 기억을 마무리하는 결론적인 해석으로 보입니다. 신명기의 첫 세 장과 비슷한 주제와 문체가 반복되면서 중요한 내용들이 한 번 더 정리됩니다.

그러므로 신명기 29-30장은 모세의 말을 전하는 데에 집중하고, 31장은 여호수아기로 이어질 '연속성'에 초점을 맞춥니다. 그리고 32-33장은 모세의 삶과 그가 한 모든 말, 곧 주님을 대신하여 전한 계명의 숨은 의미를 드러내듯 주님을 향한 찬미가와 이스라엘을 위한 축복의 노래를 전합니다. 마지막 34장은 모세의 죽음을 서술하며 모세 오경의 대장정을 마무리합니다. 문체와 주제 의식이 다른 몇몇 부분(참조: 신명 32,48-52; 34,7-9)이 눈에 띄지만, 이는 모세 오경의 주제에 대한 다양한 해석이 신명기의 최종 본문에 편집된 것이라 이해할 수 있습니다.

계약에 충실해야 할 이유(신명 29장)

신명기 29장에서 모세는 다시 지나간 일들을 이야기하며 이집트 탈출과 광야에서의 기다림이 어떤 의미인지 해석해 줍니다. 마치 긴 순례의 여정을 마무리하는 것처럼 지금 앞에 모여 있는 이들에게 과거의 일들을 이야기합니다. 그리고 모인 이들이 누구인지 하나하나 거명합니다(신명 29,9-10 참조).

신명기의 규정들과 계명들이 약하고 소외된 이들까지 주님의 공동체 안으로 받아들였듯이, 같은 곳에 사는 서로 다른 모든 이에게 계명에 대한 의무를 부여합니다. 그리고 이 공동체는 시간의 벽을 넘어 미래로 향합니다. "오늘 우리와 함께 여기에 있지 않은"(신명 29,14) 미래의 후손들에게도 계명에 충실하라는 권고를 남깁니다.

이러한 '예언적 훈계'를 통해 본문의 편집 시기를 짐작할 수 있습니다. '이스라엘'이라는 이름으로 모인 모든 세대에게 계명에 충실할 것을 요구한다는 것은, '약속의 땅'에 자리 잡은 뒤 숱한 굴곡을 겪은 이들이 내리는 자기 반성이기 때문입니다. 앞으로 일어날 일처럼 말하지만, 실은 힘 있는 민족들의 신들에게 휩쓸렸던 과거를 후회하고(신명 29,17 참조) 마치 혼자 살아가듯 고집 피우며 지냈던 시간을 성찰합니다(신명 29,18 참조). 전쟁을 겪거나 뿌리째 뽑히는 유배라는 혹독한 경험 앞에서, 그 이유가 바로 율법을 지키지 못했기 때문이라는 신앙적인 결론을 미리 내리는 것입니다(신명 29,24 참조).

미래의 일에 대한 이러한 반성을 '사후 예언'이라고 정의할 수 있습니다. 특히 신명기 29장 21-27절은 북왕국 이스라엘과 남왕국 유다가 기원전 722년과 587년경에 각각 겪었던 제국의 침탈과 유배를 보여 줍니다(참조: 2열왕 18,9-12; 25,1-21). 신명기 29장 22절에 나오는 유황과 소금이라는 표상은 씨를 뿌려도 열매 맺지 못하는 상황을 전제합니다. 유황과 소금은 척박한 땅이라는 같은 결과로 이어지지만, 화산 폭발이나 태풍 같은 서로 다른 상황을 배경으로 합니다. 두 표상의 공통된 개념은 예측할 수 없는 '의외성'입니다. 갑작스러운 화산 폭발이나 태풍으로 바닷물이 밭을 덮치는 것처럼 예상치 못한 재앙을 의미합니다. 또한 큰 사고 이후에 삶을 계속 이어 가지 못하는 '지속적인 상실'이 공통으로 전제됩니다. 고대 사회에서 이처럼 갑작스럽게 닥쳐와 삶을 단절시키는 것이 있다면 무엇보다 전쟁일 것입니다. 따라서 유황과 소금이라는 두 표상은 아시리아와 바빌로니아라는 두 제국을 연상시킵니다. 이 '유황과 소금'이라는 표상에 어색하게도 "불타 버려"(신명 29,22), "타오르는"(신명 29,23), "타올라"(신명 29,26)와 같은 불의 이미지를 의도적으로 결합한 것은, 자연재해를 넘어 모든 것을 불태우는 전쟁의 참혹함을 더욱 생생하게 드러내기 위함입니다.

그런데 신명기 29장 27절은 이런 전쟁 상황을 주님의 분노와 관련시킵니다. 또한 주님께서 자신들을 뽑아 다른 나라로 쫓아 버리셨다고 합니다. 약속의 땅으로 들어가기 위해 광야를 지나온 이스라엘 백성은 어디론가 사라지고, '오늘 이처럼 다른 나라로' 쫓으셨다고 합니다. 이처럼 미래에 일어날 일처럼 말하지만, 사실은 유배라는 힘든 상황에서 행하는 '반성'이라는 본문의 성격이 잘 드러납니다. 그래서 28절은 모세 앞에 있는 이스라엘 백성과 실질적인 청자인 유배 중인 후손들을 한곳으로 불러 모읍니다. 시간과 공간을 넘어 모세의 입을 통해 계명에 충실하자고 설득하는 것입니다.

주님의 약속(신명 30장)

신명기 30장 1-10절에서는 '돌아오다'라는 동사가 반복적으로 나타납니다. 성경에서 히브리어 동사 '슙שׁוּב'은 '돌아서다', '다시 하다'라는 의미에서 점차 그 개념을 넓혀 갑니다. 단순히 움직임을 의미하던 것에서 '다시 생각하다', **'회개하다'**라는 의미로까지 확장된 것입니다. 이스라엘이 뉘우쳐 주님께 돌아간다면 주님께서 그들의 운명을 되돌려주시고 흩어진 이들을 다시 모아들이시어 살게 해 주실 것이라 '희망'합니다. 이렇듯 **'회개'**라는 주제가 **신명기의 마지막 부분에서 강조**됩니다. 신명기 30장 1-10절은 신명기의 주요 부분의 표현과 문장을 다음과 같이 반복하는데 마치 신명기 편집의 이유를 회개라고 알려 주는 듯합니다.

신명기 30장	신명기에서 반복되는 성경 구절
1절	신명기 28장
2절	신명기 4장 29-30절
3절	신명기 4장 31절
5절	신명기 28장 63절
6절	신명기 10장 16절
7절	신명기 28장 60절
8절	신명기 28장 1절
9절	신명기 28장 4절
10절	신명기 28장 58절

그러므로 신명기의 편집자들은 유배라는 지친 고통에서 다시 고향으로 '돌아갈' 것을 희망합니다. 물론 그렇다고 해서 에즈라-느헤미야기가 말하는 '귀환'이 아직 이루어지지 않았다고 판단할 수는 없습니다. 이미 귀환이 이루어졌을 수도 있고, 아직 유배 중일 수도 있습니다. 이러한 작성 시기의 모호함은 본문에서 시간성을 박탈하고, 박탈된 시간성과 역사성은 오히려 이야기 속에서 시간을 초월한 보편성을 부여합니다. 이는 고향을 떠난 외로움 속에서 혼자만 겪는 듯한 고통 속에서도 모든 시대의 모든 이가 모세의 이야기를 통해 희망을 가질 수 있는 이유입니다.

하느님의 어린양, 파울 클레, 1920년, 슈테델 미술관, 프랑크푸르트, 독일.

신명기 30장 11-14절은 가까이 계시는 말씀에 대해 아름답게 표현합니다. 율법을 마치 동반하는 친구처럼 '말씀'이라 부르면서 듣는 이들을 설득합니다. 이 가까이 계시는 말씀을 우리는 예수 그리스도를 통해 알아봅니다. 이스라엘 백성이 일상에서 실천하려고 애쓴 율법의 말씀들은, 이제 예수 그리스도로 육화되어 우리에게 먹히기까지 하십니다. 신명기의 이 말씀에서 **육화의 신비**를 발견하는 것이 무리한 일일까요? 물론 11-14절은 그리스 사상의 영향을 받은 지혜 문학적 요소를 보입니다. 사람들이 모인 시장에서, 광장 한쪽에서 사람들을 불러 모으는 지혜와 같이 율법은 그것을 찾고자 애쓰는 이들에게 다가설 것이라 합니다.

신명기 30장 15-20절에서는 앞서 신명기 27-28장에서 보았던 축복과 저주에 대한 이야기가 반복됩니다. 그리고 19절은 두 가지 가능성처럼 보이는 이 축복과 저주가 사실은 '생명'이라는 유일한 선택지의 앞면과 뒷면이라는 것을 드러냅니다. "살려면 생명을 선택해야 한다."고 합니다. 히브리어 원문은 조금 더 적극적인 의미를 담고 있습니다. 이 문장을 **'너와 너의 후손의 삶을 위해서 생명을 선택하라.'**고 옮길 수 있습니다. 이는 단순한 충고나 설득이라기보다는 **강한 명령**처럼 들립니다. 명령처럼 들리는 어조는 그만큼 그것이 당연한 일이라는 의미이기도 합니다. 해도 그만 안 해도 그만이 아니라, **'삶을 사는 것'**과 **'율법을 따르는 것'**은 동일한 것이 되었습니다. 선택 사항이 아니라, 숨을 쉬며 사는 것과 같은 행위인 것입니다.

묵상

1. 우리는 왜 교회의 가르침을 따를까요? 왜 교회의 전례에 참여하며, 주어진 의무들을 할까요? 더 나아가 '사랑'은 왜 우리에게 의무일까요? 저주를 피하기 위해서일까요? 어릴 적 화내시는 부모님의 분노를 잠재우기 위해 했던 노력을 하느님 앞에서도 계속해야 할까요? 신명기는 이스라엘이 '돌아서야' 하는 주요 원인을 '주님의 분노'로 보는 듯합니다. 우리에게는 살기 위해 율법을 지키라며 '협박'하는 것처럼 들리기도 합니다. 사실 "살려면 숨을 쉬어야 한다."는 것은 명령이나 협박이 아닙니다. 당연한 것입니다. 하느님을 따르며 그분의 가르침과 사랑에 감화되는 것, 그래서 나도 그분처럼 사랑하며 살기를 바라고 선택하는 것은 강요가 될 수 없습니다. 사랑이 어떻게 강요와 명령이 될 수 있겠습니까? 사랑은 오직 생명이 될 수 있을 뿐입니다. 그래서 사랑은 명령보다는 초대입니다. "내가 너를 사랑하듯이, 그 사랑을 알아들은 네가 다른 이들을 사랑하기를 바란다."는 간곡한 호소입니다. 우리는 사랑 없이는 살 수 없기에 이 말씀은 어떤 명령이나 협박이나 의무보다 더 큰 힘을 가집니다. 나에게 사랑은 무엇입니까?

2. 과학과 기술이 발달하면서, '감각되는 물질만이 유일한 실재다.'라는 유물론적 사고가 우리 삶에 깊이 스며들었습니다. 이러한 생각으로 사람들 사

이의 반목과 분쟁, 불화를 마치 생존을 위한 필수 과정처럼 여깁니다. 진화라는 큰 흐름 속에서 어쩔 수 없는 투쟁이라고 말입니다. 하지만 과학자들은 현상의 결론에 대해서만 이야기할 수 있습니다. 그들은 드러난 결과를 가지고 말하기에 어떤 이상이나 희망도 보여 줄 수 없습니다. 하나에 하나를 더하면 둘이 된다는 사실만을 말할 수 있을 뿐입니다. 지금 이 숫자를 왜 세는지, 이 셈을 통해 무엇을 이루려 하는지 그 목적을 보여 주지는 못합니다. 인간은 자신의 본능을 교육과 문화라는 이름의 숙련 과정을 통해 성숙시켰습니다. 다른 동물과 달리 정신 활동을 합니다. 언어를 가지고 스스로를 돌아보며 해석하고 희망합니다. 단순히 주어진 자극에 반응만 하는 존재가 아닙니다. 배부름과 관계없이 더 욕심을 낼 수도 있고, 배고픔을 참으며 누군가를 위해 희생할 수도 있습니다. 인간은 성찰하며 선택합니다. 이 단순한 사실에서 인간의 모든 윤리와 사상, 철학과 문화가 싹텄습니다. 그렇기에 유물론자들의 말은 절반만 옳습니다. 그들의 말처럼 우리는 환경의 영향을 받으며 살아갑니다. 하지만 우리는 그것을 넘어서서 '선택'합니다. 생존을 위해 투쟁하기도 하지만, 동시에 낯선 이와 사랑으로 연대하기도 합니다. 따라서 우리의 신앙은 우리의 인간성에 잘 맞는 옷입니다. 신앙이 말하는 사랑은 인간의 본성을 가장 탁월하게 설명해 줍니다. 하느님께서 우리를 창조하시고 우리가 그분의 모상에 따라 빚어졌다는 믿음은 나만이 해야 하는 선택이 있다는 이야기입니다. 하느님의 사랑에 따라 나를 넘어서는 '사랑'이라는 선택지를 제시합니다.

무엇이 축복이고 무엇이 저주인지, 어떤 것이 삶이고 어떤 것이 죽음인지 우리는 선택할 수 있습니다. 모든 것을 넘어 모두를 사랑할 수 있습니다. 우리의 지향은 바로 거기에 있습니다. 나의 지향은 어디에 있나요?

3. 회개는 무엇일까요? 신명기는 계속해서 '돌아섬'에 대해 말합니다. 이는 단순히 가만히 머물며 반성하는 것은 아닐 것입니다. 우리말의 회개悔改는 '뉘우쳐 고친다'는 의미입니다. 이전의 상황과 태도를 바꾸는 '변화'의 의미가 한자에서 드러납니다. 한편 성경이 말하는 회개, 곧 그리스어 '메타노이아μετάνοια'는 다른 맥락을 보여 줍니다. 이는 기존의 앎(νοέω 노에오)을 넘어서는(μετα 메타) 행위를 가리킨다고 볼 수 있습니다. 기존의 생각과 태도를 극복하여 그 너머로 향하는 '깨우침'의 의미가 담겨 있습니다. 다시 말해 익숙한 판단과 같은 반응을 넘어서는 것입니다. 곧 삶을 새롭게 발견하고 온전히 다른 삶을 시작하는 것, 이것이 회개입니다. 그렇다면 상황이 바뀌지 않아도 회개는 가능합니다. "이렇게 상황이 바뀐다면 나는 그렇게 할 거야."가 아니라 "아직 이런 상황이지만, 나는 예전처럼 반응하지 않을 거야."라고 말하며 깨달음 끝에 새롭게 반응할 수 있습니다. 이것이 깨달음을 통한 회개입니다. 나의 가족도, 내가 처한 상황도, 나의 질병도 어느 것 하나 바뀌지 않았을지라도 그 안에서 하느님을 찾게 되고 기꺼이 다른 선택을 한다면 그것이 회개입니다. 나에게 회개는 지금 무엇을 의미하나요?

탕자의 귀환과 아버지(안드레이 미로노프)

제12과

신명 31-32장

모세의 노래

이스라엘 츠파트(사페드)에 있는 칼리박 회당의 '아론 코데쉬'(율법서 보관 궤, 계약 궤 상징).

사진: חזי חדשי(위키미디어, CC BY-SA 40). 이곳에 율법이 기록된 토라 두루마리가 보관된다. 상단의 유리판에는 시편 42편 2절이 씌어 있고, 그 아래의 아론 코데쉬를 가리는 화려한 휘장에는 민수기 24장 5절 등의 구절이 씌어 있다.

● 말씀: 신명기 31장 26-29절

31 **26**"이 율법서를 가져다가 주 너희 하느님의 계약 궤 곁에 두어라.
거기에서 이 책이 너희에 대한 증인이 되게 하여라. **27**그것은 내가 너희의
반항심과 너희의 고집을 잘 알기 때문이다. 내가 오늘 이처럼 너희와 함께
살아 있는데도 너희가 주님께 반항하는데, 내가 죽은 다음에는 얼마나 더하
겠느냐? **28**너희 지파들의 모든 원로와 관리를 나에게 불러모아라. 내가 그
들에게 이 말씀들을 똑똑히 들려주고, 하늘과 땅을 그들에 대한 증인으로 내
세우겠다. **29**내가 죽은 뒤에, 너희가 타락하여 내가 명령한 길에서 벗어나
리라는 것을 나는 알고 있기 때문이다. 또한 너희가 주님의 눈에 거슬리는
악한 짓을 저질러 너희 손이 하는 일로 그분을 진노하시게 하여, 뒷날 너희
에게 재앙이 닥치리라는 것도 알기 때문이다."

함께 읽을 성경: 신명기 31장 1-25.30절 ; 32장

이끎말

앞서 여러 차례 살핀 것처럼 바빌로니아 유배는 제2성전 시대를 살아가던 성경 편집자들에게 매우 중요한 사건이었습니다. 유배와 귀환 이후 그들은 분열과 반목에 빠졌고 새로운 성전을 봉헌하며 이전과는 다른 곤경에서 새로운 불안에 직면합니다. 이 불안을 한 문장으로 표현하면 **'하느님께서 계약을 어기시고 우리를 버리신 것은 아닐까?'**입니다. 그래서 제2성전 시대 성경 편집자들은 창조와 역사, 계약을 통합하여 하느님과 지속적인 관계를 보장할 새로운 세계관을 세워야 했습니다. 그리고 이를 통해 굳은 믿음을 확립해야 했습니다. 바로 이 맥락에서 신명기 31-32장은 새로운 세계관을 구현하고자 애쓰는 '역사 재구성의 틀'이라고 할 수 있습니다. 모세의 노래(신명 32장)는 서론에 해당하는 31장과 함께 이스라엘의 **배신**과 **처벌**, 그리고 다시 주어지는 은총의 역사를 시적으로 요약합니다.

물론 모세의 노래가 이전의 오랜 전승을 담고 있을 수 있습니다. 그리고 어떤 것이 더 오래된 전승인지 구분하기는 어렵지만, 이 노래는 **'교육적 목적'**으로 편집되었을 가능성이 있습니다. 노래를 듣는 이들이 과거의 죄 많은 세대처럼 행동하지 않고 각자 자기 앞에 놓인 상황에 올바로 대응하도록 이끌기 위함입니다.

그러므로 모세가 전하는 이 '최후의 가르침'은 '유언'의 역할을 합니다.

시대를 초월하여 모든 세대를 위한 교육과 교훈을 담고 있으며, 이전 규정과 법령을 종합하여 현실을 이해하는 틀을 제시합니다. 후대 유다인들이 신명기 31-32장의 신명기적 역사관을 자신들의 상황을 이해하는 틀로 삼았음이 분명합니다. 후대의 여러 유다 문헌이 이를 증명합니다.

역사에 대한 신명기적 이해를 도식화하면 '죄-심판-회복'이라고 할 수 있습니다. '죄-유배-귀환'이라는 자신들의 역사적 기억이 이러한 신명기 신학의 도식을 가능하게 한 것으로 보입니다. 이 맥락에서 유다인들은 선조들의 불신앙과 유배의 고통마저도 하느님과의 관계 회복을 위한 한 과정으로 볼 수 있었던 것입니다.

법령 선언과 여호수아 임명(신명 31,1-29)

현대 사회 체제가 그러하듯 신명기 본문도 앞서 제시한 규정과 법령을 누가 언제 어떻게 공식적으로 선포하고 실행했는지를 전합니다. 문서화, 공식화, 실행의 단계를 거치는 것입니다. 신명기 31장 24-29절은 '이 율법의 말씀들'을 기록하여 계약 궤 곁에 두었다고 합니다. 마치 국가의 공직자들처럼 레위인들과 원로들이 이 문서화된 율법을 지키고 예식 때 수호할 임무를 부여받은 것입니다(신명 31,25-28 참조).

신명기 31장 9-13절은 율법을 언제 어디에서 선포하고 그 실행을 다짐해야 하는지도 정합니다. 일곱 해마다 돌아오는 초막절에 율법을 낭독해야 한다고 합니다. 레위기 23장 39절에 따르면 초막절은 땅의 소출을 거두는 것을 기념하는 축제입니다. 이어지는 레위기 23장 43절은 이 축제를 이집트에서의 탈출 체험과 연관 짓습니다. 유목 문화에 가까웠던 이스라엘이 농경 사회의 추수를 기념하는 축제인 초막절을 율법 선언의 때로 삼았다는 것이 흥미롭습니다.

하지만 신명기 본문의 시간적 배경을 가나안 땅의 농경 문화를 접하기 전으로 본다면 어색합니다. 아직 약속의 땅에 들어가기도 전에 그곳의 축제를 율법 선포 시기로 미리 정하고 있기 때문입니다. 따라서 이 서술상 어색함은 앞서 언급했듯이 **신명기 법령을 세계를 이해하는 틀로** 받아들인 유다인들의 신앙적 의지가 반영된 결과로 보아야 합니다. 그들은 약속의 땅에 들어가기 직전 가장 위대한 예언자 모세의 입을 통해 자신들이 처한 상황을 규정하고 있습니다.

한편 본문은 율법을 관리하고 실행할 이들뿐만 아니라 그 실행 책임자도 알려 줍니다. 바로 여호수아입니다(신명 31,2-8 참조). 그는 모세의 뒤를 이어 선포된 율법 실행을 책임질 것입니다. 모세는 광야에서 주님께 반목한 이들과 함께 약속의 땅에 들어가지 못하지만 여호수아가 약속의 땅에서 그 사명을 이어 갈 것입니다. 이처럼 본문은 율법의 '문서화–선포–집행' 단계를 정하고 있는 것입니다.

그런데 본문은 약속의 땅에 들어가지 못하는 모세가 좌절했다고 전하지 않습니다. 오히려 희망적입니다. 그는 충분히 오래 살았고(신명 31,2 참조) 자신을 이을 후계자에게 용기를 북돋습니다(신명 31,7-8 참조). 자신이 일생 동안 체험한 하느님의 동반이 여호수아에게도 이어지리라 믿기에 두려워하지 말라고 격려합니다(신명 31,8 참조). 그는 마치 하늘에서 내려다보듯 자신의 한정된 시간을 긴 구원 역사 관점에서 해석합니다. 그래서 본문에 담긴 모세의 마지막 말은 슬프거나 우울하지 않습니다. 달릴 길을 성실히 달린 이의 뿌듯함 담긴 회고와 희망찬 미래 예고로 보입니다.

여호수아가 모세의 후계자로 임명되다(부분), 제발트와 페터 리터 기증, 1480년, 성 로렌츠 성당, 뉘른베르크, 독일. 사진: Wolfgang Sauber(위키미디어, CC BY-SA 4.0)

모세의 노래(신명 31,30-32,44)

신명기 31장 30절은 다음 장으로 이어질 '모세의 노래'의 도입부 역할을 합니다. 앞서 '율법의 말씀들'이 공식화되는 과정을 정리했다면, 이제 '이 노래'라는 새로운 주제를 예고하는 것입니다. 신명기 32장 44절에서 다시 '이 노래'라는 표현이 등장합니다. 이는 앞문과 뒷문처럼 모세의 노래를 구분된 본문으로 자리매김합니다.

그렇다면 왜 이전과는 다른 '노래'가 필요했던 것일까요? 학자들은 모세의 노래를 후대의 추가적인 편집의 결과물이라고 판단합니다. 이스라엘 백성이 지나온 역사에 대한 회고이자 묵상이라는 것입니다. 다른 신명기 본문과는 구분되는 시적인 문장 구조와 표현들로 지나온 기억을 회상하여 숙고하고, 모세의 입을 통해 그 묵상의 결과물을 제시합니다. 물론 이 묵상에는 '유언'의 성격이 깃들어 있습니다. 그리고 이 유언은 하느님과 이스라엘 백성의 관계에 대해 다시 주목합니다. 마치 삶의 마지막에 서 있는 사람이 인생에서 소중했던 것들을 되돌아보듯이, 죽음 앞에 선 모세도 이스라엘의 배신과 불충에도 불구하고 계속되는 하느님의 구원을 이야기합니다.

신명기 32장 26-27절은 이스라엘에 대한 하느님의 변함없는 마음을 거칠게 묵상합니다(하느님의 사랑은 너무나 뜨거워서 때로는 우리를 데게 할 만큼 거칠고 강렬한 사랑입니다-편집자 주). 또한 신명기 32장 37-42절에서 모세는 마치 신탁을 전하는 예언자처럼 주님의 목소리를 직접 전합니다. "바로 내가 그다. 나 말고는 하느님이 없다."(신명 32,39)라는 표현은 "주 우리 하느님은 한 분이신 주님이시다."

(신명 6,4)를 확장한 내용입니다. 모세가 전하는 하느님의 말씀은 마치 두 연인이 서로를 향한 독점적 사랑을 고백하듯 이스라엘을 구하시는 유일하신 하느님, 당신의 유일하심을 강조합니다.

한편 신명기 32장 44절은 노래에 화답하듯 모세와 '주님께서 구원하신다'는 뜻의 이름을 지닌 여호수아가 함께 서 있었다고 전합니다. 이제 모세 곁에 선 여호수아는 자신의 이름처럼 이스라엘 역사 속에서 활동하신 주님의 구원을 드러낼 모세의 후계자입니다. 물론 모세 혼자 부르기 시작한 노래를 여호수아와 함께 마무리한다는 점에서 후대의 편집으로 볼 수 있습니다.

하지만 이러한 서술의 어색함도 최종 신명기 본문의 문학적 장치로 볼 수 있습니다. 모세의 노래가 역사에 대한 묵상적 회고임을 보여 주고, 그의 마지막 말을 가까이에서 듣고 그 뜻을 이을 사람을 더 명확히 드러낼 필요가 있기 때문입니다.

임박한 모세의 죽음(신명 32,45-52)

신명기 32장 45절의 "이 모든 말씀을 끝까지 들려준 다음"이라는 구절은 다른 의미도 품고 있습니다. '이 모든 일들을 모두 말하고'라고도 옮길 수 있습니다. 사실 '말'이라는 히브리어 **'다바르דבר'**에는 **'일'**이라는 의미도 함께 담겨 있습니다. 이처럼 '말'과 '일', 언어와 행적을 구분하지 않고 표현하는 성경의 사고를 엿볼 수 있습니다. 이러한 사고는 신명기 32장 47절의 "이 말씀은 빈말이 아니라"는 문장을 설명해 줍니다. 모세가 한 노래는 단순히 입으로 부른 음성이 아니라 말이 의미하는 바를 현실화하고 확증하는 것입니다. 빈 소리가 아니라 과거의 일을 완성하고 일어날 일을 시작하며 동시에 지금 실현되고 있다는 것, 이것이 '말'과 '일'을 같은 단어로 사용하는 성경 언어의 핵심입니다. 그리고 이러한 구조는 우리가 참여하는 성사에서 매번 새롭게 확인됩니다. 사제가 성사 중에 하는 말은 공간만을 울리는 음파에 그치지 않고 은총을 완성하고 실현하는 새로운 표징이 됩니다. 같은 맥락에서 요한 복음서 저자의 "말씀(Λόγος 로고스)이 사람이 되셨다."는 고백은 이러한 성경 언어의 전통과 신학적 반성이 열매 맺은 종합적 결과입니다.

말씀이 사람이 되셨다(목자들의 경배), 조르주 드 라 투르, 1645년경, 루브르 박물관, 파리, 프랑스.

● 묵상

1. 신명기 32장이 전하는 모세는 복된 사람입니다. 오래 살았거나 백성의 지도자로서 권력을 누렸기 때문이 아닙니다. 마지막 순간을 온전히 누렸기에 복된 사람입니다. 그의 마지막 말은 삶의 완성이 되었고 그가 한 모든 일의 의미를 밝히는 고백이 되었습니다. 이처럼 동반해 주신 주님께 찬미를 드리며 삶을 마무리할 수 있음은 큰 축복입니다. 물론 실제로 모세의 마지막이 이와 같았는지 알 수는 없습니다. 보는 이에 따라서 모세의 실존에 대해 의문을 품기도 합니다. 그러나 이는 중요하지 않습니다. 우리 모두는 모세와 그의 백성처럼 두려움의 바다를 건너 약속의 땅에 다다를 이들이기 때문입니다. 그래서 신명기가 전하는 모세의 마지막은 이야기 자체의 힘으로 우리에게 희망을 줍니다. 지금 일어나는 모든 일이 그 숨겨진 의미를 드러낼 때가 올 것이라는 기대를 품게 합니다. 나 자신도 미처 다 알지 못했던 내 삶의 가장 깊은 열망이 대낮의 뜰에 핀 꽃처럼 주님 앞에서 환히 드러나며 열매 맺을 것이라는 기대를 품게 합니다.

2. 나는 말로 다른 이들과 소통합니다. 나의 생각과 바람은 언어로 드러납니다. 너에 대한 기대와 희망, 친교와 공감은 나의 말로 드러납니다. 그래서 말은 단순히 소리가 아닙니다. 품어 온 지향과 살아온 흔적, 바라는 것들이 종합되어 소리로 '너' 앞에 놓인 것입니다. 물론 기억도 역사도 희망도

없는 말 또한 존재합니다. 그런 말들이 넘쳐나 소통을 막기도 합니다. 사실 이런 말들은 의미 없이 울리는 기계음보다 못합니다. 잘 작동하는 기계는 자신의 정직함을 소리로 드러내지만 기억도 역사도 희망도 없는 말들은 욕망만 담습니다. 이런 말은 소통하게 하지 않고 숨겨진 욕망을 충돌시킵니다. 채울 수 없는 서로의 욕망을 끄집어내어 끝없이 싸우게 합니다. 결국 나와 너 사이 심연을 소리뿐인 말들이 뒤흔들어 깨웁니다. 그래서 이런 말은 말이라기보다 불쾌감을 자아내는 비명이나 서로를 향한 으르렁거림에 가깝습니다. 세상이 이런 말들로 채워질수록 우리는 더욱 좌절합니다. '어떤 소통도 변화도 가능할 리가 없다.'는 불안이 관계 한복판에 자리 잡습니다. 이렇게 소리뿐인 말들은 사랑을 포기하게 합니다. 말이 지닌 소통의 의무가 사라지고 욕망만 그 자리를 차지하니 서로 충돌하는 욕망은 두려움의 열매를 맺습니다. 이런 말들은 삶을 살게 하지 않고 그저 생존하게 합니다. 상처받으며 소통하기보다 각자 섬처럼 머물게 합니다. 그래서 말이 품어야 할 '사랑'이 사라지면 말은 그저 잡음일 뿐입니다. 소리뿐인 말은 오히려 자연을 거스릅니다. 아름다운 새소리나 웅장한 천둥소리, 구름을 흩트리는 바람과 계속되는 파도 소리가 들려주는 창조와 피조물의 신비를 파괴합니다. 자연의 모든 소리가 담고 있는 창조주를 향한 찬미를 정면으로 거스릅니다. 그 소리가 담은 욕망은 창조주 자리를 탐하는 것이기 때문입니다. 나의 말은 나의 삶과 일치합니까? 나의 말 속에는 어떤 기억과 역사와 희망이 담겨 있습니까?

계약 궤 앞의 모세와 여호수아(제임스 티소)

제13과

신명 33-34장

모세의 축복과 죽음

구리 뱀(부분), 조반니 판토니, 1984년, 느보산 기념 성당, 요르단. 사진: John Romano D'Orazio(위키미디어, CC BY-SA 4.0) 모세가 약속의 땅을 바라보며 생을 마감했다고 전해지는 느보산(신명 34,1 참조) 정상에 설치된 조형물이다. 신구약을 관통하는 구세사의 연속성을 상징한다(참조: 민수 21,4-9; 요한 3,14-15).

● 말씀: 신명기 33장 2-4절

33 2그가 말하였다. 주님께서 시나이에서 오시고 세이르에서 그들 위에
떠오르셨다. 그분께서 파란산에서 빛을 내시고 므리밧 카데스에서 오시는데
그분의 오른손에는 타오르는 횃불이 들려 있었다. 3정녕 민족들을 사랑하시는
분. 당신의 거룩한 이들은 모두 당신 손안에 있습니다. 그들은 당신 발 앞에 엎
드려 저마다 당신의 말씀을 받습니다. 4모세가 우리에게 율법을 명령하였으니
야곱의 모임에 소유로 준 것이다.

함께 읽을 성경: 신명기 33장 1.5-29절; 34장

● 이끎말

신명기 33장은 각 지파에 대한 모세의 축복(신명 33,6-25)을 중심으로 그 앞뒤에 머리말(신명 33,1-5)과 맺음말(신명 33,26-29)이 있습니다. 죽음을 앞둔 모세의 마지막 축복(유언 혹은 예언)은 각 지파의 운명을 예언처럼 들려줍니다. 이 모세의 예언은 창세기 49장에서 야곱이 자신의 아들들에게 한 축복과 비슷해 보입니다. 각 지파들이 살던 지리적 위치와 역할을 요약합니다. 이처럼 권위

이스라엘 12지파 상징 모자이크(부분), 예루살렘(구시가지 유다인 지구 카르도 거리), 이스라엘.
사진: Dennis Jarvis(위키미디어, CC BY-SA 2.0)

있는 인물의 입을 빌려 현재를 해석하는 것은 구약 성경에서 쉽게 찾을 수 있는 문학적 기법입니다. 그런데 이 **'현재에 대한 해석'**이라는 판단은 이 본문이 편집될 당시에 이스라엘의 모든 지파가 온전히 유지되고 있었다는 뜻은 아닙니다. 사실 학자들은 이스라엘의 열두 지파를 **'온전한 이스라엘'**을 의미하는 **상징적 언어**로 보기도 합니다. 모세가 자신의 마지막에 온전한 이스라엘을 축복하고 각자의 역할을 예언했다는 것이 이 본문의 목적입니다. **이상적인 이스라엘 공동체상**을 모세의 입을 통해 선언한 것입니다.

한편 신명기 33장 6-25절의 축복을 모세가 아닌 다른 사람이 한 것으로 해석할 수도 있습니다. '여수룬의 한 임금'이 한 것(신명 33,5 참조)으로 볼 수도 있습니다. 물론 원문을 그렇게 해석하는 대신 '여수룬에 한 임금이 있을 것이다.'라고 해석하여, 모세의 말을 이어 전하는 것일 수도 있습니다. 신원이 불분명한 이 인물은 모세의 유지를 이은 후대의 한 임금이거나 기름부음받은이 또는 하느님이라고 볼 수 있습니다. 이러한 익명성과 문법적 모호함은 묵시 문학의 주요한 성격입니다. 묵시 문학적 본문은 이와 같은 모호함을 통해 시간적 보편성과 신비함을 유지합니다.

성서적 전통에서 볼 때 이 임금은 '다윗'일 가능성이 가장 높습니다. 다윗은 이스라엘을 통일하여 첫 왕국을 세운 임금이기 때문입니다. '여수룬 ישרון'이라는 지명은 이스라엘을 의미합니다. 신명기 32장 15절과 이사야서 44장 2절에서도 확인할 수 있는데 이스라엘을 명예롭게 시적으로 부를 때 활용한 것으로 보입니다.

마지막 축복(신명 33,1-29)

각 지파에 대한 축복의 말(유언 혹은 예언)을 요약하면 다음과 같습니다.

지파	신명기 33장의 축복의 말(예언)
르우벤	인구 감소
유다	전쟁
레위	율법 준수와 예식 진행
벤야민	주님의 보호
요셉(에프라임/므나쎄)	형제들 가운데에서 복을 받음
즈불룬/이사카르	산에서 제물을 바침
가드	넓고 좋은 땅을 차지
단	바산의 사자 새끼
납탈리	바다와 남쪽에 자리 잡음
아세르	풍요

본문은 축복의 말로만 보기 어려운 각 지파의 운명을 전합니다. 지파들이 차지할 지역을 언급하기도 하는데 모든 지파에 일괄적으로 해당되지는 않습니다. 여호수아기 14-22장의 각 지파별 지역 분배 내용을 축약한 것으로 볼 수도 있습니다. 하지만 지파들의 이름이 서로 달라 같은 편집자의 손길에 의한 것이라 보기는 어렵습니다. 지파의 명단은 창세기 49장의 내용과

일정 부분 일치하기도 합니다. 창세기 49장을 요약하면 이렇습니다. 신명기 33장 6-25절과의 비교를 위해 같은 순서로 배열했습니다.

지파	창세기 49장의 축복의 말(예언)
르우벤	쇠락
유다	왕홀 차지
시메온/레위	포악한 격분
벤야민	약탈하는 이리
요셉	형제들 가운데에서 복을 받음
즈불룬/이사카르	바닷가, 농사 짓기 좋은 곳
가드	약탈자를 습격
단	길가의 뱀
납탈리	암사슴
아세르	풍요

비슷해 보이지만 다른 내용을 전합니다. 창세기 49장은 신명기 33장 6-25절보다 알기 어려운 비유와 상징을 보여 줍니다. 이렇듯 같은 지파에 대한 다른 축복 혹은 예언의 내용은 서로 다른 신학적 관점과 집필 시기의 차이를 반영합니다. 학자들은 모세의 축복이 상대적으로 후대의 전통을 반영한다고 추정합니다. 물론 원래 구절에 후대 편집이 더해졌을 가능성도 배제

할 수는 없습니다.

신명기 33장 26-29절에는 '여수룬'이라는 이스라엘의 시적 이름이 다시 등장합니다. '하늘'과 '구름'을 타고 오신다는 찬미는 앞서 언급했듯이 묵시 문학적 상징이라고 해석할 수 있습니다. 이런 맥락에서 신명기 33장을 비교적 후대 문학 양식인 묵시 문학의 흔적을 지닌 본문으로 보아도 무리가 없습니다. 다시 말해 선택받은 백성(신명 33,29 참조), 그들을 곤경에서 구하시는 주님의 현현(신명 33,27 참조), 원수와의 전쟁(신명 33,27 참조), 대립 극복과 평화 실현(신명 33,28 참조) 같은 요소들은 다니엘서나 요한 묵시록 같은 묵시 문학적 성격을 띤 성경 본문들과 공통된 특징을 지닙니다.

모세의 죽음(신명 34,1-12)

모세의 위치가 다시 제시됩니다. 신명기 1장 5절에서 언급된 것처럼 모세는 '모압'평야의 느보산으로 올라갑니다. 그가 산으로 올라간 것은 탈출기 3장 1절을 떠올리게 합니다. 그곳 호렙산에서 주님의 이름을 계시받고 소명받았듯이 모세는 이제 다시 산으로 올라가 주님과 대화를 나눕니다. 처음 그곳에서 주님 말씀에 따라 해방의 사명을 받아들였듯이 이제 '주님의 말씀대로' 마지막을 맞이합니다. 따라서 본문에 건조하게 서술된 모세의 죽음은 이처럼 그의 생애가 주님 뜻에 따라 이루어졌다는 해석을 담고 있습니다. 위대한 예언자이자 백성의 지도자로서 삶도 죽음도 주님의 뜻에 정향시킨 인물이라는 찬사를 담고 있습니다.

모세의 죽음, 알렉상드르 카바넬, 1850년, 파브르 미술관, 몽펠리에, 프랑스.

모세의 뜻은 그가 지정한 여호수아에게 이어집니다. 신명기 34장 9절이 전하듯이 여호수아는 모세의 권위를 지니고 백성을 이끌게 됩니다. 하지만 10-12절은 이스라엘에 모세와 같은 예언자는 다시는 없었다고 합니다. 주님을 눈으로 마주보고 이스라엘을 이끌어 탈출시키고 백성과 동반하며 많은 표징을 보여 준 이는 오직 모세뿐이라고 합니다. 이러한 모세의 특별한 위치는 지금도 유다교 전통에서 인정되고 있습니다.

● 묵상

1. 일상을 살다 보면 문득문득 나의 마지막을 생각하게 됩니다. 주님께서 주신 선물과 같은 이 삶이 완성에 이를 때 나에게 무엇이 남을지 생각해 봅

니다. 이 땅에서 어느 것 하나 손에 쥐고 갈 수 없지만, 마치 "고생했다"는 사람들의 박수 소리처럼 공중으로 흩어질지언정 나에게 의미 있었던 것들을 떠올려 봅니다. 주고받은 대화와 고민, 무언가를 더 나아지게 하려 애쓴 땀방울, 때로는 언성을 높이고 타협하며 실현하려 힘쓴 일들을 생각합니다. 물론 이런 상념 중에 모든 것이 의미 없다는 사실을 충격적으로 마주할 수도 있습니다. 하지만 내 삶이 내 노력으로 얻은 것이 아니듯 그 모든 것이 주님께서 허락하신 선물이자 축제였음을 다시 깨닫습니다. 사실 모세가 떠난 뒤 지금까지 남은 것은 없습니다. 다만 우리는 남겨진 기록을 통해 그의 삶을 엿볼 뿐 그 삶이 실제로 어떻게 이루어졌는지 알 수는 없습니다. 하지만 강물 위에 잠시 머문 새의 발자국처럼 남겨진 기록은 그가 남긴 지향을 전합니다. 그래서 무의미하지 않습니다. 물은 다시 흘러가고 추위에 얼어붙고 떨어진 낙엽이 그 위를 덮을 것입니다. 그러나 그 모든 것은 바람처럼 머물다 간 새의 날갯짓을 기억할 것입니다. 새가 즐기고 떠난 그 자리를 새로운 새들이 낯선 바람과 소리가 기뻐하며 이을 것이기 때문입니다. 게다가 우리는 그 새가 어디로 날아갔는지, 그 애틋했던 날갯짓이 어디로 그를 이끌었는지 잘 알고 있습니다. 모든 날갯짓을 완성한 그의 축제에 우리는 박수를 보냅니다. 그리고 앞서 떠난 모든 이의 삶과 이어질 영원에 미리 환호를 보냅니다. 이 삶이 그러했듯 건너갈 영원 또한 축제이자 선물임을 믿습니다.

천사들이 모세를 운반하다(호아킨 에스파테르 이 룰)

지혜 여정 오경 4 신명기

교회 인가 2025년 3월 27일 | **1판 1쇄** 2026년 2월 27일
글쓴이 이한석 | **펴낸이** 김사비나 | **펴낸곳** 생활성서사 | **등록** 제78호(1983. 4. 13.)
주소 서울특별시 강북구 덕릉로42길 57-4 | **편집** 02)945-5984 | **영업** 02)945-5987 | **팩스** 02)945-5988
온라인 신한은행 980-03-000121 재) 까리따스수녀회 생활성서사 | **ISBN** 978-89-8481-698-5 04230
책값은 뒤표지에 있습니다.